NOVOS ESTUDOS HUMEANOS

Simultaneamente com esta edição brasileira,
sai em Portugal a edição deste livro pela Imprensa Nacional, em Lisboa.

JOÃO PAULO MONTEIRO

NOVOS ESTUDOS HUMEANOS

discurso editorial

Projeto editorial: Departamento de Filosofia da FFLCH-USP
Direção editorial: Victor Knoll
Coordenação: Floriano Jonas Cesar
Projeto gráfico e editoração: Guilherme Rodrigues Neto
Capa: Camila Mesquita
Ilustração da capa: David Hume em retrato de Allan Ramsay, 1754
Tiragem: 1.000 exemplares

Ficha catalográfica: Sonia Marisa Luchetti CRB/8-4664

M775 Monteiro, João Paulo
Novos estudos humeanos / João Paulo Monteiro. – São Paulo: Discurso Editorial, 2003.
182 p.

ISBN 85-86590-50-9

1. Filosofia Moderna – Escócia 2. Teoria do Conhecimento 3. David Hume (1711-1776) I. Título.

CDD 192.4

discurso editorial

Av. Prof. Luciano Gualberto, 315 (sala 1033)
05508-900 – São Paulo – SP
Telefone: (11) 3814-5383
Telefax: (11) 3034-2733
E-mail: discurso@org.usp.br
Homepage: www.discurso.com.br

Para David Fate Norton

SUMÁRIO

INTRODUÇÃO

Uma velha lenda acerca da filosofia de Hume é que ela levou o empirismo às últimas conseqüências, ou seja, ao ceticismo, ou coisa ainda pior. Muito se tem falado de irracionalismo, de psicologismo e de desespero epistemológico entre os intérpretes desse filósofo. Supôs-se que a teoria humeana da crença causal situava-se no próprio centro do ceticismo humeano, sobretudo devido a seu "associacionismo". Mas o mito do ceticismo "pirrônico" de Hume – considerado muito mais radical do que aquela forma de ceticismo que ele próprio assume, e que chama de "ceticismo mitigado" – tem vindo a sofrer um certo descrédito nos anos mais recentes, culminando com a publicação de um livro que proclama haver nesse filósofo uma autêntica defesa da inferência causal.[1]

Pessoalmente minha tendência não é ir tão longe, inclinando-me mais para acreditar que nessa filosofia, sem haver propriamente uma defesa deliberada da inferência causal, há simplesmente uma proposta de explicação da inferência causal e da crença causal. O principal feito filosófico da epistemologia humeana foi a descoberta de que o pensamento

[1] Wilson, F. *Hume's Defence of Causal Inference.* Toronto, University of Toronto Press, 1997.

causal não pode ter um fundamento dedutivo, descoberta cuja verdade e cuja importância foram geralmente reconhecidas pela maior parte dos filósofos, desde Kant até Quine, e as tentativas históricas desse tipo de defesa, indo além do plano explicativo, surgiram sobretudo como reações ao desafio humeano. Mas creio que devemos concordar com a argumentação onde Wilson insiste na racionalidade da inferência causal na filosofia de Hume.

Apesar da firme posição de Wilson quanto à importância do tema da racionalidade na teoria humeana do conhecimento, é preciso fazer alguns reparos ao conjunto de sua interpretação dessa teoria, que dificilmente se podem conciliar com a referida atribuição de racionalidade e com a defesa da inferência causal. É de estranhar que também para Wilson a associação de idéias se encontre ligada à própria raiz da concepção humeana da inferência causal. Escreve ele, por exemplo, que entre os "diferentes tipos de associação", Hume inclui "aqueles ligados às inferências causais " (p. 34). No estudo que se segue a esta introdução espero poder mostrar que na filosofia de Hume não existe tal coisa. Creio que a defesa que Wilson procura fazer, e faz com sucesso, da filosofia de Hume, seria mais convincente se ele perdesse sua crença no mito do associationismo "cognitivo" humeano. O David Hume apresentado em seu livro, tal como o David Hume de Norton e Flage,[2] para referir apenas dois exemplos das tendências mais recentes na interpretação desse filósofo, tem a oferecer-nos uma filosofia positiva, e não uma destruição negativa da

---

[2] Norton, D.F. *David Hume, Common-Sense Moralist, Sceptical Metaphysician.* Princeton, Princeton University Press, 1982; Flage, D. *David Hume's Theory of Mind.* Londres, Routledge, 1990.

ciência ou do senso comum. E não apenas uma filosofia positiva da natureza humana: segundo Wilson, a explicação humeana da inferência causal permite uma justificação da ciência em geral, uma justificação gravitando em torno ao que Hume diz no *Tratado da Natureza Humana* sobre as "Regras pelas quais julgar as causas e os efeitos". Tudo isto é incompatível com o associacionismo.

Nos ensaios que compõem o presente livro, tomo como ponto de partida, precisamente, a recusa de qualquer associacionismo cognitivo humeano (ensaio 1), passando em seguida a idêntica recusa de qualquer psicologismo ligado às idéias de hábito e costume, através de uma análise mais precisa daquele que é talvez o conceito fundamental dessa filosofia (ensaio 2). Na mesma direção, é mostrada a relevância das inferências derivadas de conjunções singulares, envolvendo raciocínios e não meras reações psicológicas (ensaio 3). O texto seguinte compara Hume a Nietzsche, mostrando como a concepção de causação do primeiro, tacitamente aceita pelo segundo, torna inviável qualquer perspectivismo radical que se pretenda de inspiração nietzscheana (ensaio 4). O texto sobre Russell procura mostrar os equívocos gerados por este grande filósofo ao atribuir a Hume uma teoria cética acerca da indução, gerando um dos mais influentes mitos da filosofia do século XX, quando o filósofo escocês, se não houver erro em minha interpretação, se ocupou apenas da inferência causal e não da indução em geral (ensaio 5). É de notar que em trabalhos meus escritos anteriormente também eu cometo esse erro de Russell, que de certo modo se tornou o erro de todo o mundo; mas espero que em torno deste problema se possa gerar um debate interessante, no qual ninguém se declare dono da verdade, como certamente não pretendo que seja meu caso. O sexto ensaio se afasta da exegese humeana para propor uma concepção da inferência causal talvez passível de ser extraída de sua obra, mas que Hume certamente não assumiu – uma concepção dessa inferência como resultado da eliminação de "hipóteses de acaso", ou de "casualidade". O penúltimo retoma temas que tratei em trabalhos anteriores, sobretudo em *Hume e a Epistemologia*, buscando criar um elo entre Hume e Quine capaz de redundar, num terceiro momento nem humeano nem quineano, mas igualmente de espírito darwiniano, numa tentativa de explicação da inferência por repetição (ensaio 7). E o último afasta-se dos temas epistemológicos para examinar a atitude do Hume filósofo moral sobre a situação da mulher e os privilégios masculinos em seu tempo, procurando mostrar como em nosso filósofo o bom humor consegue ser também o veículo de teses da mais rigorosa seriedade e alcance (ensaio 8).

A maior parte deste livro se compõe de artigos publicados em revistas ou volumes coletivos, em Portugal, Brasil e Estados Unidos. A primeira parte da Introdução retoma o início de "Hume's Empiricism and the Rationality of Induction", que apresentei em Boston em 1998 e foi publicado no volume 7 *(Modern Philosophy)* dos *Proceedings of the Twentieth World Congress of Philosophy,* Bowling Green State University, 2000. O primeiro artigo saiu simultaneamente nas revistas *Manuscrito* e *Análise,* em 2001, com o título "Associação e Crença Causal em David Hume". O segundo saiu em inglês em *Principia*, em 1999, com o título "Hume's Principle" e a versão portuguesa em 2001, no volume *Poiética do Mundo*. O terceiro saiu simultaneamente, com o título "Hume e a Experiência Singular", na revista *Discurso* e no volume *Pensar a Cultura Portuguesa*, em 1993, tendo a revista *Manuscrito* publicado em 1997 sua tradução para o inglês, com o título "Hume on Singular Experiences". O quarto artigo saiu na revista *Philosophica* em 1993, com o título "Perspectivismo Mitigado". O quinto, com o título "Russell and Humean Inferences", foi publicado pela revista *Principia* em 2001, e a versão portuguesa, "Russell e as Inferências Humeanas", está no prelo da revista *Análise.* O sexto foi publicado em 1994 no volume *Truth and Rationality*, com o título "Chance, Induction, and Rationality", simultaneamente com sua tradução para o português, com o título "Indução, Acaso e Racionalidade", na revista *Manuscrito.* O sétimo foi publicado na mesma *Manuscrito*, no volume especial de homenagem ao meu querido amigo Oswaldo Porchat, e o último, publicado em 1998 no volume português *O que os Filósofos Pensam sobre as Mulheres*, foi publicado em 2001 na revista *Discurso.*

1

ASSOCIAÇÃO E CRENÇA CAUSAL EM DAVID HUME*

Hume é freqüentemente acusado de ter uma concepção associacionista da crença causal. Mas será esse filósofo realmente culpado de uma tentativa de explicar o pensamento causal como mero produto de um mecanismo associativo? Se consultarmos o Índice Analítico da mais consagrada das edições da *Investigação sobre o Entendimento Humano* (EHU), vamos encontrar a asserção de que é tese central dessa obra que a crença causal "é produzida pelos princípios de associação, a saber, semelhança, § 41; contigüidade, § 42; causação, § 43".[1]

Mas se na mesma edição da mesma obra formos ler com cuidado as últimas linhas do § 40, logo veremos que

* Agradeço a John Biro e David Fate Norton seus inestimáveis comentários críticos a duas versões anteriores deste trabalho.

[1] Hume, D. *Enquiries concerning Human Understanding and concerning the Principles of Morals*. Ed. de L.A. Selby-Bigge e rev. de P.H. Nidditch. Oxford, Clarendon Press, 1975, 3ª ed., p. 395.

Hume, depois de estabelecer que "o sentimento de crença não é mais do que uma concepção mais intensa e firme" do que as meras ficções, e deriva da "conjunção costumeira", pretende apenas, nos parágrafos seguintes, complementar essa teoria encontrando "outras operações do espírito *análogas* a essa", a fim de descobrir princípios mais gerais da natureza humana (p. 50; meu itálico).

Hume invoca então os princípios de associação já apresentados na seção III da mesma obra (p. 24), e pergunta se naquelas relações que ocorrem "quando um dos objetos é apresentado aos sentidos ou à memória, o espírito não apenas é transportado para a concepção do objeto correlato, mas chega além disso a uma concepção mais firme e mais forte do que de outro modo seria capaz de conseguir", exatamente como no caso da crença causal (§ 41, p. 50-51). E passa a apresentar alguns "experimentos", a fim de justificar a analogia sugerida.

Propõe então uma comparação entre certos fenômenos mentais onde as percepções *vivazes*, quer sejam impressões de sensação ou idéias da memória, são associadas com percepções *fracas e pálidas*, ou seja, com idéias da imaginação (EHU, p. 18) e um fenômeno diferente: a formação da crença causal. Um exemplo do primeiro caso é quando a *impressão* derivada da contemplação do retrato de um amigo, associada por semelhança com a *idéia* do mesmo amigo, comunica parte de sua vivacidade a essa idéia, a qual é avivada no decurso do processo (§ 41, p. 51). Outro exemplo é quando estamos na presença de um objeto e a impressão desse objeto vai avivar as idéias de outros objetos que geralmente lhe são *contíguos* (§ 42, p. 52). Outro exemplo ainda é quando olhamos para as relíquias de um santo, caso as consideremos ligadas a este por "causação", e um outro ainda quando vemos o filho de um amigo ausente, o pai sendo igualmente considerado uma "causa" – também nestes casos a associação por causação tende a conferir uma nova vivacidade às idéias dos "efeitos", que de outro modo seriam mais tênues (§ 43, p. 53).

Mas que temos aqui exatamente? Hume vai concluir na página seguinte que o mesmo princípio muito geral de "transição a partir de um objeto presente" é o responsável pela nova vivacidade adquirida pelas idéias que antes eram tênues, nos referidos exemplos de associação, e também pela nova vivacidade adquirida pela idéia do efeito, quando a impressão de sua causa presente lhe comunica sua vivacidade natural, através do canal estabelecido pela inferência causal (§ 44, p. 53-4). Assim é dado um novo passo na teoria humeana, um passo analógico – mas um passo que de modo algum equivale a qualquer espécie de explicação da crença causal pela associação.

Na *Investigação* a crença causal deriva, primeiro, da conjunção freqüente referida por Hume no § 40 e, certamente também, daquele princípio da natureza humana ao qual chamou "costume ou hábito" na primeira parte da seção V (p. 43 e ss.). O novo argumento acrescenta apenas que a mesma crença se apresenta como "uma concepção mais vivaz, vívida, forte, firme e estável de um objeto" (§ 40), ou seja, da idéia do efeito que esperamos se seguirá de sua causa, e que este novo vigor é recebido por essa idéia da impressão da causa presente, um processo mental que é análogo a alguns casos de associação entre outras impressões (ou idéias da memória) e idéias anteriormente tênues que se assemelham ou são contíguas a elas, ou são consideradas suas causas ou efeitos.

Como é possível que isto haja sido confundido com uma suposta "produção" das crenças causais pelo próprio mecanismo da associação? Claramente não há na *Investigação* qualquer sugestão desse tipo de produção. O que aconteceu foi que algumas passagens cruciais desta obra foram mal interpretadas pelos responsáveis pela edição dessa obra em 1902, e que na edição revista de 1975 P. H. Nidditch não corrigiu essa interpretação. E não há nessa mesma obra quaisquer outros textos onde Hume pudesse ter pretendido afirmar que a crença causal deriva de qualquer espécie de mecanismo de associação.

Para persistir numa tal interpretação seria preciso mostrar o que mais se pode encontrar na *Investigação*, além de uma analogia entre a formação das crenças causais por transmissão de vivacidade, a partir da causa presente da idéia do efeito, a qual assim se aproxima da vivacidade de uma impressão – conferindo credibilidade à *realidade* de sua iminente manifestação – e aqueles casos em que uma associação é estabelecida de maneira a dar lugar a uma idêntica transmissão. Certamente não se trata de uma associação entre idéias da imaginação – pois nesse caso todas as idéias seriam fracas e tênues e simplesmente não haveria qualquer vivacidade passível de ser comunicada.

É impossível a produção de crenças causais por associação entre idéias, pois não teria qualquer sentido supor qualquer transferência de vivacidade nesse tipo de associação. Por outro lado, uma associação entre impressões (ou idéias da memória) e idéias tênues é o tipo de associação em que pode ter lugar essa transmissão, a qual é rigorosamente análoga, segundo Hume, à transferência de força da impressão da causa para a idéia "comum" do efeito, uma transferência que transforma esta última numa idéia especialmente avivada que se chama "crença". Ocorre aqui a intervenção do mesmo princípio muito geral, mas aquela crença, mesmo enquanto idéia avivada, não é *produzida* por qualquer espécie de associação – apenas o processo de avivamento de algumas idéias é análogo a alguns casos de associação entre percepções fortes e percepções fracas.

Mas o que poderia ter conduzido a essa improvável interpretação associacionista? O parágrafo onde é sugerida a referida analogia termina com a seguinte frase: "E se for o mesmo o caso das outras relações ou princípios de associação, isso pode ser estabelecido como uma regra geral que tem lugar em todas as operações do espírito" (§ 41, p. 51). Ou seja, o que os exemplos de Hume pretendem mostrar é que o caso das outras *relações* além da relação causal, isto é, os três princípios de associação, é o mesmo que o dessa relação causal. Se nela encontramos a mesma comunicação de vivacidade entre percepções, nesse caso estamos perante um novo princípio muito geral da natureza humana, o princípio de transferência da vivacidade. Mas é impossível ler a frase "as outras relações ou princípios de associação" como se ela implicasse que para Hume a relação causal *também* é um princípio de associação.

Não se pode aqui admitir qualquer confusão entre aquela relação causal que está na *origem* da crença causal e aquela relação associativa "por causação" que pode surgir *posteriormente.* A teoria da crença causal defendida por Hume na *Investigação* não é uma teoria "associacionista". Talvez John Passmore tivesse razão ao pretender detectar no nosso filósofo um projeto geral apontando nessa direção.[2] Mas a teoria da causalidade apresentada na *Investigação* nada tem a ver com qualquer forma de associacionismo. Não apenas o pensamento causal tem em sua filosofia o estatuto de um verdadeiro *raciocínio,* mas além disso nela não há nem sombra de dependência em relação a qualquer espécie de mecanismo associativo. Nas palavras de James Noxon: "A única vez que

[2] Passmore, J. *Hume's Intentions.* Londres, Duckworth, 1952, p. 116.

na primeira *Investigação* Hume recorre à teoria associativa não é para estudar a fundo quaisquer operações do entendimento, mas simplesmente para mostrar como alguns objetos (por exemplo quadros e relíquias) podem avivar as idéias com as quais se associam".[3] Nesta obra, apenas a formação da crença causal apresenta uma analogia parcial com alguns fenômenos de associação entre impressões e idéias.

Mas que se passa no caso do *Tratado da Natureza Humana*?[4] Bem, no resumo da teoria humeana da crença causal que encontramos nessa obra (THN, p. 102-3), a teoria já possui a mesma estrutura básica e o mesmo conteúdo que conhecemos da leitura de sua versão final e definitiva na *Investigação*: esse tipo de crença é visto como *produzido* pela observação de conjunções de impressões e "*deriva* unicamente" do *costume* (p. 102; meus itálicos); e para além da "transição costumeira" o que temos é "uma concepção mais vivaz e intensa de uma idéia, procedendo de sua relação com uma impressão presente" (p. 103). Absolutamente nada é aqui acrescentado acerca de qualquer espécie de associação – exatamente como na versão definitiva da obra posterior. Mas estas linhas finais constituem um resumo de três seções inteiras dedicadas ao tema da inferência causal (números 6, 7 e 8 da terceira parte do livro I) e entre a página 86 e a página 103 deparamos com uma extensa variedade de elementos teóricos no *Tratado* que é importante examinar com o maior cuidado.

---

3 Noxon, J. *Hume's Philosophical Development*. Oxford, Clarendon Press, 1975, p. 21.

4 Hume, D. *A Treatise of Human Nature* (THN). Ed. de L.A. Selby-Bigge e rev. de P.H. Nidditch. Oxford, Clarendon Press, 1978, 2ª ed., I, iii, 8, p. 102-3.

Alguns desses elementos já nos são familiares e não apresentam qualquer aspecto problemático: a inferência "da causa para o efeito" (THN, p. 86) é claramente derivada de "conjunções constantes" (p. 87), e o primado da experiência é estabelecido nestes termos até à página 92, ao mesmo tempo que o argumento procura provar que a razão não pode ser considerada a origem dessa inferência (o que constitui aproximadamente o assunto da seção IV da *Investigação sobre o Entendimento*). A experiência de conjunções constantes é incapaz de ajudar a razão a mostrar "a conexão de um objecto com outro", portanto a inferência da causa para o efeito é determinada "por certos princípios que associam entre si as idéias dos objetos e as unem na imaginação" e "depende unicamente da união das idéias".

O que temos aqui é um ponto de viragem crucial no *Tratado*, talvez uma encruzilhada decisiva – ou talvez apenas algo que aparenta ser uma encruzilhada. Porque neste ponto Hume vai reintroduzir o tema da associação de idéias (registramos agora mesmo seu uso do verbo correspondente ao falar de princípios que *associam* certas idéias entre si), em três parágrafos dos quais talvez dependa a interpretação de toda a teoria humeana do conhecimento.

No primeiro destes três parágrafos (THN, p. 92-3) são evocados os três princípios de associação de idéias que haviam sido introduzidos na seção 4 da primeira parte (p. 10-13), a semelhança, a contigüidade e a causação, oportunamente lembrando que eles são "os princípios de união entre as idéias", mas incorretamente acrescentando o seguinte: "Afirmei que a idéia *ou impressão* de qualquer objeto introduz naturalmente a idéia de qualquer outro objeto que se assemelhe ou seja contíguo a ele ou esteja conectado com ele" (itálicos meus). O que Hume realmente havia afirmado nas páginas 10-11 é, em primeiro lugar, que esses eram "princípios de união entre idéias", apenas idéias, sem qualquer referência a impressões ao longo de toda a seção 4, e em segundo lugar que, além das idéias semelhantes e contíguas havia também, como exemplos do terceiro princípio de associação, idéias conectadas "pela relação de *causa e efeito*" ou "por *causação*", e não pura e simplesmente "conectadas". Poderemos já em seguida avaliar a importância destas distinções.

O mesmo parágrafo passa depois a salientar que, embora os princípios de semelhança, contigüidade e causação – agora redefinidos como princípios de associação de idéias e impressões e não apenas de idéias – não são "as causas *únicas* nem *infalíveis*" da união entre idéias, mesmo assim eles são "os únicos princípios *gerais* que associam as idéias" (THN, p. 92-3). Mas o segundo parágrafo nos reserva outras surpresas ainda, talvez mais relevantes do que o inesperado acréscimo das impressões no primeiro parágrafo, ou do que a imprecisão acerca da causação e da conexão.

Para o leitor já familiarizado com a concepção humeana do costume ou hábito, a surpresa surge imediatamente nas primeiras três linhas: "Há sem dúvida um princípio de união entre as idéias, que à primeira vista pode ser considerado diferente de qualquer desses, mas veremos que no fundo depende da mesma origem". Este princípio é logo em seguida caracterizado em termos que não deixam escolha ao leitor da seção V da *Investigação,* ou da seção 8 da mesma parte e livro do *Tratado* (aquela onde há pouco vimos a conclusão do argumento): "Quando se descobre pela experiência que qualquer indivíduo de uma espécie de objetos está constantemente unido a um indivíduo de outra espécie, o surgimento de qualquer indivíduo de qualquer dessas espécies leva o pensamento até seu acompanhante habitual" (THN, p. 93). A união constante em nada difere da conjunção constante, e o "princípio de união" em questão não é outro senão nosso já conhecido hábito ou costume. Ou não será?

Bem, não parece haver dúvida que *deveria* sê-lo, mesmo neste ponto do *Tratado*. Aqui o exemplo de Hume é o da relação entre palavras e idéias, anteriormente discutido no caso das idéias abstratas (THN, p. 20-1), e no primeiro caso esse princípio é inequivocamente chamado *costume*: "Depois de termos descoberto uma semelhança entre diversos objetos com os quais freqüentemente deparamos, passamos a aplicar a todos eles o mesmo nome (...). Depois de termos adquirido um costume deste tipo, ouvir esse nome faz reviver as idéias desses objetos" (p. 20). A página seguinte acrescenta que "o costume acompanhante" é "revivido pelo termo geral ou abstrato" (p. 21). Creio terem sido estas as primeiras ocasiões em que o costume (ou hábito) foi mencionado na obra de Hume, já no sentido de uma disposição para renovar atos mentais depois de repetidas experiências da mesma espécie. Na página 93 o fenômeno é o mesmo: "devido a uma certa idéia particular estar comumente ligada a determinada palavra, basta ouvir essa palavra para que seja apresentada a idéia correspondente", e é certo que Hume acrescenta que "a imaginação (...) está tão *acostumada* a passar da palavra para a idéia que ela não introduz nem sequer um instante de demora entre a audição de um e a concepção da outra" (itálico meu). Mas nosso filósofo se abstém aqui de qualquer afirmação inequívoca de que o princípio em questão seja, como certamente é em todos os outros textos humeanos, pura e simplesmente o costume ou hábito.

O último de nossos três parágrafos começa da seguinte maneira: "Mas embora eu reconheça que este é um verdadeiro princípio de associação entre idéias, afirmo ser ele o mesmo que aquele entre as idéias de causa e efeito, e constituir uma parte essencial de todos os nossos raciocínios derivados dessa relação" (THN, p. 93). A noção de causa e efeito deriva da conjunção constante, etc. – e ficamos com a impressão de que Hume pretende incluir aqui a disposição humana para se deixar afetar pela repetição de conjunções na mesma categoria que os princípios de associação de idéias. Uma coisa pelo menos é certa, que Hume realmente lhe chama "um verdadeiro princípio de associação entre idéias"... Esta questão não é simples, e antes de nos precipitarmos a tirar qualquer conclusão podemos procurar uma maneira de conferir um significado coerente ao conceito de hábito ou costume como correspondendo, de algum modo, a "um verdadeiro princípio de associação".

Acredito que isso seja possível apenas se aceitarmos que no *Tratado da Natureza Humana* nosso filósofo fez uso de *dois* conceitos diferentes de associação, dualidade esta que, aparentemente, escapou à atenção do autor. Proponho que usemos a expressão "associação$_1$" para designar o conceito de associação exposto na seção 4 do livro I, primeira parte, que é o conceito daqueles fenômenos em que o espírito é "transportado de uma idéia para outra" (p. 11), sendo os três princípios de associação$_1$ "forças suaves" (p. 10) devido às quais uma idéia introduz outra quando ambas são semelhantes ou contíguas, ou quando se acredita que uma é a causa e a outra é o efeito. E que empreguemos a expressão "associação$_2$" para designar o conceito daquela união de idéias que ocorre no espírito quando elas "se tornam associadas" – ou relacionadas, ou unidas, ou ligadas – por sua constante conjunção em nossa experiência.

Os dois conceitos são marcadamente diferentes, embora tenham em comum o suficiente para tornar admissível que ambos sejam designados pelo mesmo termo. O primeiro é o conceito da ligação que se estabelece entre dois objetos a partir da convicção de que ambos são semelhantes, ou costumam ser contíguos, ou um é causa do outro – devido a "uma força suave que comumente prevalece" mas não estabelece "uma conexão inseparável" (p. 10). O segundo é o conceito da ligação que se estabelece entre dois objetos acerca dos quais não se tem convicção alguma, apenas a partir da constatação de que freqüentemente se sucedem na experiência – mas que depois, ao contrário do caso anterior, vão ficar fortemente ligados por uma conexão inseparável e inevitável, como veremos mais adiante. O segundo conceito, ao contrário do primeiro, nos permite afirmar que o princípio da imaginação responsável pela relação entre essas idéias é "um verdadeiro princípio de associação". Mas não é possível que ele seja "um verdadeiro princípio de associação" no sentido da associação$_1$, porque nesse caso obviamente jamais poderia ser um princípio de associação por semelhança ou por contigüidade, nem por outro lado poderia ser um princípio de associação por causação, ou causa e efeito, simplesmente porque esta terceira e última forma de associação$_1$ só se torna possível *depois* que se forma no espírito uma crença causal relativa às duas idéias implicadas no processo. A associação mencionada na página 93 não é nem poderia nunca ser essa espécie de associação, ou qualquer forma de associação$_1$. Mas não parece merecer dúvidas que ela se identifica com a associação$_2$ – ou, podemos acrescentar, com a associação num sentido mais trivial e popular, e não no sentido técnico da teoria humeana da associação de idéias.[5]

Ao sugerir, no segundo de nossos três parágrafos, que "o princípio de união entre idéias" responsável pela associação em sentido trivial realmente não é diferente dos três prin-

[5] Este segundo conceito de associação aparece nas obras de Locke e Hutcheson.

cípios da associação em sentido técnico e "no fundo" depende "da mesma origem", o nosso filósofo talvez tenha produzido a mais obscura de todas as passagens de seu *Tratado*. Não se vê com nitidez que tipo de associação aquele princípio é capaz de produzir. Mas não parece haver lugar para duvidar de que o princípio em si mesmo é o costume ou hábito, assim chamado antes e depois deste trecho da primeira obra de Hume. Dizer que ele depende da mesma origem que os princípios da associação$_1$ só pode significar que ele é um princípio de nossa *imaginação* e não da razão – o que aliás constitui uma das principais teses humeanas.

Falar da "mesma origem" neste contexto pode ter sido uma "negligência", no sentido da Advertência que Hume incluíu na edição das duas *Investigações,*[6] mas não pode chegar ao absurdo de pretender que esse princípio de união tenha origem nos princípios de associação$_1$. Pois bem sabemos que o terceiro destes últimos princípios, a associação por causação, único que poderia ser fonte de confusão quanto a este assunto, é o único que, se é que podemos assim falar, "tem origem" no costume e na repetição, antes de "ter origem", num segundo momento (lógico), na transferência de vivacidade tornada possível pela proximidade entre a impressão da causa e a idéia do efeito, ou vice-versa.

O "conceito implícito" de associação$_2$ continua presente quatro páginas mais adiante, quando na seção seguinte Hume reitera sua principal tese acerca da crença causal: "A razão é incapaz de justificar que a existência de qualquer objeto alguma vez implique a de outro; de modo que quando

---

[6] Nesse texto célebre Hume anuncia ter corrigido nas *Investigações* "algumas negligências no raciocínio" do *Tratado* – essa "obra juvenil, que o autor nunca assumiu" (EHU, p. 2).

passamos da impressão de um para a idéia ou crença no outro não somos determinados pela razão, mas pelo *costume ou um princípio de associação*" (p. 97; meu itálico). Mais uma vez, isto nunca poderia significar que o hábito fosse um dos três princípios de associação$_1$, mas simplesmente um princípio da natureza humana que também produz uma união entre percepções no espírito humano, sempre que observamos conjunções constantes, e esta associação é uma espécie de associação$_2$, em sentido trivial ou popular.

Quando Hume apresenta as *Investigações* onde as teorias do *Tratado* aparecem reformuladas, na referida Advertência em que declara ter corrigido "algumas negligências no raciocínio anterior, e mais ainda na expressão" (EHU, p. 2), é de notar que na primeira delas o conceito de associação$_2$ desapareceu completamente. O hábito nunca é chamado "um verdadeiro princípio de associação", e a associação só está presente na seção III (reformulação de THN I, i, 4) e na segunda parte da seção V, na analogia entre a formação de crenças causais e alguns casos de associação entre impressões e idéias, onde as últimas também sofrem um avivamento durante o processo. Sempre como aquilo que chamei associação$_1$, o único conceito de associação que permanece presente no texto da versão final da teoria humeana do conhecimento e da crença.

A referida analogia da *Investigação* (p. 51-3) é transcrita de quatro parágrafos do *Tratado* (p. 99-101) e pouco foi aí alterado. Mas no parágrafo seguinte desta última obra, suprimido na reformulação de 1748, ainda tínhamos uma explicação da crença causal em termos de "uma relação ou associação na fantasia entre a impressão e a idéia" (p. 101). Evidentemente que isso apenas significa que o conceito de associação$_2$ ainda estava em ação nessa obra. Nada de parecido se encontra na teoria definitiva da crença causal que encontramos na primeira *Investigação*, onde daquela "relação" se diz simplesmente que deriva da repetição e do hábito, e não de qualquer espécie de "princípio de associação".

O *Tratado* já propunha o mesmo paralelo que examinamos na *Investigação*, entre as idéias avivadas no decurso de processos de inferência causal e idéias avivadas em associações com impressões. O texto é o mesmo nas duas obras, com o texto dos §§ 41-3 da segunda repetindo o texto entre a página 99 (5ª linha do 2º parágrafo) e a p. 101 (13ª linha) do *Tratado*, sobre as associações entre impressões e idéias por semelhança, contigüidade e causação. Para defender que, na primeira dessas obras, Hume pretendia dizer que essa crença é produzida pela associação$_1$ neste contexto, teríamos de ser capazes de apresentar alguma declaração do autor nesse sentido, e no texto não se encontra nada que se pareça com isso. De modo que a interpretação mais plausível parece consistir em tomar a frase "relação ou associação" no sentido comum e não-técnico da associação$_2$.

Oliver Johnson aponta no livro I do *Tratado* a freqüente dificuldade em decidir se os termos filosóficos usados têm o significado habitual da linguagem comum ou o significado especial que Hume a eles confere como "termos técnicos de sua filosofia".[7] Creio que o termo "associação" representa um caso típico da referida dificuldade, como termo técnico em THN I, i, 4 e como termo comum, com o mesmo significado que "relação" (ou associação$_2$) na passagem em questão, assim como em diversas outras. Na *Investigação*, "associação"

---

[7] Johnson, O. *The Mind of David Hume. A Companion to Book I of* A Treatise of Human Nature. Urbana/Chicago, University of Illinois Press, 1995, p. 3.

é sempre e sem qualquer exceção associação$_1$, pois é sempre usada como termo técnico no sentido de Johnson.

John Passmore dedicou um capítulo de seu livro àquilo que apresenta como o Hume "associacionista", e escreveu nesse capítulo que para o filósofo escocês a conexão causal "não faria parte do Universo para nós (pelo menos) se não fosse devido à influência da associação".[8] Sir Alfred Ayer vê na filosofia de Hume uma diferença entre os dois primeiros princípios de associação e o terceiro, em que a semelhança e a contigüidade "oferecem trilhos para o movimento de nossa atenção", ao passo que a associação por causação "é a principal fonte de fornecimento de nossas crenças factuais".[9] William Kneale sentiu-se "chocado" com "a afirmação humeana de que a indução não pode ser mais do que associação de idéias sem justificação racional".[10] Segundo Antony Flew, na filosofia de Hume "a idéia de associação é crucial para toda a explicação da aprendizagem por experiência".[11] E até mesmo no livro de Noxon podemos ler que "Hume explicou certos fenômenos mentais, notadamente a crença, como efeitos da associação".[12]

Espero que agora possa ficar claro que, em primeiro lugar, nada nestas interpretações se aplica à *Investigação*, uma obra onde a "indução", ou seja, a inferência ou crença causal,

---

[8] Passmore, J. *op. cit.*

[9] Ayer, A.J. *Hume.* Oxford, Oxford University Press, 1980, p. 56.

[10] Kneale, W. *Probability and Induction.* Oxford, Clarendon Press, 1949, p. 55.

[11] Flew, A. *Hume's Philosophy of Belief.* Londres, Routledge & Kegan Paul, 1961, p. 18.

[12] Noxon, J. *op. cit.*, p. 82.

é claramente independente de qualquer fonte associativa, no sentido filosófico da $associação_1$; Noxon certamente só tinha em mente o *Tratado* no texto acima citado. E em segundo lugar que no *Tratado*, obra na qual Hume ainda trabalhava, algo ambiguamente, com dois conceitos de associação muito diferentes, o que está em causa na afirmação de que o costume é, em certo sentido, um princípio associativo, é única e simplesmente a $associação_2$, a saber, o mero fato de que a repetição "associa" ou "une" idéias, num sentido diferente do caso da $associação_1$.

Aquela expressão nunca poderia significar, mesmo para o relativamente inexperiente autor daquela "obra juvenil", como vimos ele próprio lhe chamar, que o conhecimento causal deriva dos três princípios de associação. Os princípios de associação são a semelhança, a contigüidade e a causação e nenhum deles produz conhecimento – é o terceiro deles que *pressupõe* o conhecimento causal. O conhecimento causal deriva do hábito ou costume, um princípio que não se situa no mesmo plano, pois é um *quarto* princípio, de natureza inteiramente diferente. Só é um princípio de associação no sentido "popular", e portanto era demasiado vago, segundo creio, para ser conservado na filosofia da maturidade de David Hume.

Como se fosse com a intenção de dissipar qualquer ambigüidade existente a respeito do hábito e da associação, a seção da *Investigação* dedicada à associação de idéias se empenha explicitamente em enumerar "*todos* os princípios de associação", e declara haver "*somente* três princípios de conexão entre as idéias" – a semelhança, a contigüidade e a causação (EHU, p. 24; meu itálico), acrescentando o seguinte: "Mas que esta enumeração está completa, e que não há outros princípios de associação a não ser estes, pode ser difícil de provar de modo a satisfazer o leitor, e mesmo o próprio autor". Depois de algumas considerações metodológicas, a seção termina com a sugestão de que a enumeração desses três princípios por Hume "é completa e inteira" (EHU, p. 24). Para um filósofo que havia escrito em sua primeira obra que o hábito ou costume, agora excluído da enumeração, era "um verdadeiro princípio de associação entre idéias", como vimos acima, isto tem toda a aparência de ser o reconhecimento de uma mudança teórica fundamental. Mas nunca saberemos ao certo, neste e em outros textos, quais eram as verdadeiras intenções de Hume, e temos de contentar-nos com o que é óbvio nesta seção: a inequívoca exclusão do conceito de associação$_2$. Em toda a obra humeana, de ora em diante só a associação$_1$, nos termos aqui propostos, pode ser reconhecida como um princípio operativo.

Na célebre passagem do *Sumário* do *Tratado* onde Hume proclama que os princípios de associação são "o cimento do universo", precisamos distinguir entre dois aspectos diferentes desta magnífica mas ambígua metáfora. Se nos inclinarmos para uma interpretação em termos de associação$_1$, esses princípios de associação poderão ser entendidos como "os únicos laços de nossos pensamentos" apenas em algum domínio que seja diferente do raciocínio causal.[13] E o *Tratado* diz da associação de idéias que, com sua "força suave", seus princípios são "a natureza de certo modo apontando a todos nós quais são aquelas idéias simples que são mais adequadas para serem unidas numa idéia complexa". É isto que explica, por exemplo, "por que as línguas correspondem tão de perto umas às outras" (THN, p. 10-11; cf. EHU, p. 23). Se não tivéssemos idéias complexas não poderíamos, obviamente, ter

[13] Hume, D. *An Abstract of* A Treatise of Human Nature, em THN, p. 662.

qualquer noção do universo – o que parece suficiente para justificar a famosa metáfora de Hume. Mas se preferirmos uma interpretação nos termos populares da associação$_2$, é claro que essa metáfora passará a abranger a causação, enquanto derivada do hábito tomado como princípio associativo.

John Mackie escreveu um belo livro com esse belo título, *O Cimento do Universo*.[14] E num outro livro o mesmo autor resume a posição central de Hume acerca da inferência causal nos seguintes termos: "Quanto a esta questão, a verdade é apenas que quando seqüências de uma certa espécie são observadas um certo número de vezes fica estabelecida uma associação de idéias, de modo tal que ao observar o antecedente esperamos um conseqüente idêntico aos que comumente se seguem a eventos antecedentes similares".[15] Mas esta interpretação só poderia fazer sentido em termos de associação$_2$, e não pode ser aplicada à teoria humeana da *Investigação*.

O *Tratado* explica a probabilidade pela "associação de idéias com uma impressão presente", e é do hábito que deriva esta associação (THN, p. 130). O que significa que há uma associação$_2$, em sentido não-técnico, que se estabelece entre percepções, conseqüentemente sua repetida conjunção na experiência, por influência do costume ou hábito – e não devido a qualquer princípio da associação$_1$. A semelhança e a contigüidade, como relações naturais, nada têm a ver com este processo, e a causação enquanto princípio de associação tem nele apenas uma condição de possibilidade, conforme já foi

---

[14] Mackie, J.L. *The Cement of the Universe*. Oxford, Clarendon Press, 1974.

[15] *Idem, Logic and Knowledge*. Oxford, Oxford University Press, 1985, p. 181.

visto – sendo a recíproca claramente impossível. Nada aqui chega sequer a sugerir que a probabilidade derive da associação$_1$, ou da associação "propriamente dita" – que é o mesmo que se passa com a crença em geral.

Há outras passagens do *Tratado* nas quais se pode encontrar um vago ar de associacionismo, mas apenas se for deliberadamente ignorado o exato contexto onde se inserem. A maioria delas se deixa interpretar nos termos que aqui procurei esboçar. Mas suponhamos que alguém abra o *Tratado* diretamente na página 112 e simplesmente leia o seguinte: "toda crença deriva da associação de idéias, de acordo com minha hipótese". Não seria uma tentação tomar este trecho como prova da interpretação de Hume como defensor de uma teoria associacionista da causalidade? Mas creio que devemos resistir a essa tentação, até ao momento de sermos capazes de olhar para o texto a partir da perpectiva adequada, ou seja, examinando o preciso contexto onde ele se insere.

Este contexto consiste num argumento com a extensão de duas páginas, que se esforça por apresentar uma nova "prova" da teoria humeana segundo a qual a crença causal "não passa de uma idéia vivaz relacionada com uma impressão presente", prova essa que consiste em mostrar que os princípios associativos da semelhança e da contigüidade, embora tenham na formação das opiniões uma influência muito mais fraca do que o de causação, "mesmo assim têm alguma influência, e aumentam a convicção de qualquer opinião e a vivacidade de qualquer concepção".

Hume começa pela contigüidade, apresentando um exemplo de crença *religiosa* sendo avivada pela efetiva visita a lugares sagrados como Meca e Jerusalém: "A idéia vivaz desses lugares passa por uma transição fácil com os fatos que se supõe estarem relacionados com eles por contigüidade, e aumentam a crença, aumentando a vivacidade da concepção.

A lembrança daqueles campos e daqueles rios tem sobre o vulgo a mesma influência que um novo argumento, e devido às mesmas causas" (THN, p. 110-1).

O segundo passo desta prova tem a ver com a semelhança: "Imaginaram alguns filósofos que existe uma causa aparente para a comunicação do movimento, e que um indivíduo racional poderia inferir imediatamente o movimento de um corpo do impulso de outro corpo, sem recorrer a qualquer observação passada". Se essa opinião fosse verdadeira ela equivaleria a uma demonstração, "e teria de implicar a absoluta impossibilidade de qualquer suposição contrária" – e isto é facilmente "refutado" simplesmente concebendo claramente um comportamento inteiramente diferente no segundo corpo (THN, p. 111; cf. EHU, p. 29: "não é certo que posso conceber que uma centena de efeitos diferentes também poderia resultar dessa causa?"). Esse conhecido argumento humeano serve aqui de instrumento para uma refutação pelo *modus tollens*: se temos um resultado que é o contrário daquilo que foi predito por uma determinada teoria, daí se segue que essa teoria deve ser rejeitada.

Mas a que atribui Hume o crasso erro desses filósofos? É aqui que nosso autor recorre à associação por semelhança, mas apenas para explicar uma opinião *filosófica* errônea, do mesmo modo que foi em termos de associação por contigüidade que explicou as opiniões religiosas acima referidas. E a frase que aqui estou procurando esclarecer surge no final dessa explicação – sem deixar margem para dúvidas quanto a seu verdadeiro significado, como imediatamente vai ficar óbvio: "A razão devido à qual imaginamos que a comunicação do movimento é mais consistente e natural (...) do que qualquer outro efeito natural assenta na relação de *semelhança* entre a causa e o efeito, que é aqui unida à experiência e liga entre si os objetos, da maneira mais estreita e íntima, de modo a fazer-nos imaginar que eles são absolutamente inseparáveis. Portanto a semelhança tem a mesma ou uma influência paralela à da experiência; e como o único efeito imediato da experiência consiste em associar nossas idéias entre si, segue-se que *toda crença deriva da associação de idéias, de acordo com minha hipótese*" (THN, p. 111-2; o último itálico é meu).

Talvez nem fosse necessária a ênfase que procurei dar com este itálico. Estou convencido de ter tornado claro que "toda crença" aqui significa apenas "todas essas opiniões filosóficas errôneas", e não a crença em geral. Como poderia ser de outra maneira? Muito mais estranho do que esta reconhecidamente estranha frase do *Tratado* seria sua leitura como significando que a presente hipótese de Hume tem a ver com alguma coisa além da explicação proposta para dar conta de uma crença filosófica incorreta, por um processo de associação por semelhança, em seguida a outra explicação similar de algumas crenças religiosas (supostamente também errôneas) por um processo de associação por contigüidade. É curioso que o índice analítico de Selby-Bigge silencie totalmente quanto à página 112, embora não deixe de assinalar que na página 111 "a semelhança e a contigüidade aumentam a vivacidade de qualquer concepção" (THN, p. 683).

O que aqui é produzido pela associação – neste caso, a associação "propriamente dita" ou associação$_1$ – segundo Hume é simplesmente um erro e uma ilusão filosófica: alguns filósofos imaginaram ou fantasiaram que a semelhança existente entre a causa e o efeito *neste caso excepcional* – em geral são nitidamente distintos, conforme a conhecida doutrina humeana ("o efeito é totalmente diferente da causa, e conseqüentemente nunca pode nela ser descoberto", EHU, p. 29) – pode servir de base para acreditarem que realmente "encontram o efeito na causa". Isto é meramente uma ilusão filosófica, produzida por um truque associativo ou psicológico da fantasia. É tudo o que há a dizer sobre isso. Conforme é assinalado mais adiante no *Tratado:* "Nada é mais capaz de nos fazer confundir uma idéia com outra do que qualquer relação entre elas, que associe uma com a outra na imaginação e faça esta passar facilmente de uma para a outra" (THN, p. 202).

A influência da interpretação "associacionista" que aqui procuro criticar é tal que até mesmo Kant se tornou vítima dela, em algumas das traduções da *Crítica da razão pura*. Na segunda parte da Introdução de sua grande obra, o filósofo alemão lamenta a direção seguida pela teoria humeana da causalidade, sobretudo por Hume derivar o conceito de causa apenas da "concomitância freqüente" *("öftern Beigesellung")*.[16] Isto foi corretamente traduzido por Max Müller ainda no século XIX (para o inglês *"frequent concomitancy")*, e antes disso já Tissot havia escolhido *"liaison fréquente"*, o que é perfeitamente aceitável.[17] Mas ao longo do século XX muitas traduções optaram por "associação" em vez de "concomitância", ou de "conjunção" como também seria correto,[18] assim

[16] Kant, I. *Kritik der Reinen Vernunft.* Hamburgo, Felix Meiner, 1956, p. 41.

[17] *Idem. Critique of Pure Reason.* Londres, Macmillan, 1881, I, p. 401; *Critique de la Raison Pure.* Paris, Lagrange, 1864, I, p. 35.

[18] Entre esses tradutores encontramos, pelo menos: J. Barni (revisto por P. Archambault), *Critique de la Raison Pure,* Paris, Flammarion, 1976, p. 59; A. Tremesaygues & B. Pacaud, *Critique de la Raison Pure,* Paris, Presses Universitaires de France, 1950, p. 34; Alexandre D. L. Delamarre & François Marti, *Critique de la Raison Pure,* in *Oeuvres Philosophiques*, Paris, Gallimard, 1980, vol. I, p. 76; J. Perojo, *Crítica de la Razón Pura*, Buenos Aires, Editorial Losada, sem data, p. 149; G. Gentile & G. Lombardi-Radice, *Critica della Ragione Pura*, Bari, Laterza, 1945, vol. I, p. 40; V. Rohden, *Crítica da Razão Pura*, São

transformando Kant em um daqueles (talvez o primeiro) que teriam lido Hume como defensor de uma teoria associacionista da causalidade – coisa que Kant certamente jamais pensou! É provável que este filósofo tenha lido apenas a *Investigação* e não o *Tratado*, e na primeira destas obras jamais teria podido encontrar o conceito de associação$_2$.

Essas traduções da *Crítica* são todas traduções fortemente interpretativas. *Traduttori, tradittori?* Talvez todos os tradutores o sejam, em alguma medida (inclusive eu próprio) – mas os citados foram, segundo creio, mais longe do que seria razoável. Todos eles "corrigiram" o texto da *Crítica,* nele introduzindo o que pensavam ser a verdadeira versão da teoria humeana criticada por Kant. E isto pode por sua vez ter dado força a essa interpretação, devido ao prestígio de Kant, *pelo menos* como um filósofo que foi salvo de seu "torpor dogmático" pela leitura de Hume – uma leitura basicamente correta, é de supor. Como poderia Kant ter-se enganado a esse respeito? Bem, a verdade é que não cometeu tal engano – esse foi apenas o caso de seus tradutores no século XX, tal como o de muitos intérpretes da filosofia de David Hume.

A teoria de Hume é que os efeitos e suas causas são ligados por alguma coisa que não é de ordem dedutiva, mas jamais nosso filósofo sonhou em substituir a dedução, ou "demonstração", pelos princípios da associação$_1$. A relação entre os efeitos e suas causas pode ser chamada uma "simples associação", em contraste com aquela união dedutiva que não

Paulo, Abril Cultural, 1980, p. 24; M.P. Santos & A. Morujão, *Crítica da Razão Pura,* Lisboa, Fundação Calouste Gulbenkian, 1989, p. 39; J.M.D. Meiklejohn, *Critique of Pure Reason*, Londres, Dent & Sons, 1934, p. 27; N. Kemp Smith, *Critique of Pure Reason*, Londres, Macmillan, 1992, p. 44.

podem ter, o que constitui a mais célebre das descobertas de Hume – mas unicamente em sentido popular, não no sentido técnico ou filosófico humeano da "força suave" da associação$_1$, a qual pode ou não transportar a mente de uma idéia para outra, ou de uma impressão para uma idéia, que se assemelha ou é contígüa à primeira, ou se sabe que é sua causa ou efeito. O que corresponde apenas a uma tendência do espírito humano para seguir, em certos casos, por certos caminhos associativos.

Quando a força suave da associação é da terceira espécie, por causação, é preciso distingui-la cuidadosamente do *raciocínio* causal. É certo que na *Investigação* podemos ler que "quando pensamos numa ferida, dificilmente podemos evitar refletir sobre a dor que se lhe segue" (EHU, p. 24), mas isso de modo algum quer dizer que *temos* de pensar num efeito sempre que pensamos em sua causa – não mais do que temos de pensar num apartamento quando pensamos em outro do mesmo edifício, ou em alguém quando contemplamos seu retrato (como nos exemplos humeanos de associação por semelhança e contigüidade, *ibidem*). Nada é mais livre do que a imaginação do homem (THN, p. 10), e as transições associativas de nosso pensamento podem ou não ocorrer, conforme as circunstâncias. Os laços associativos por causação são tão "fracos e suaves" como os que vêm da semelhança ou da contigüidade.

Em perfeito contraste com isto, não há nada de "suave" nas forças que geram a crença causal, cuja ação é sempre forte e inevitável. Deixemos a filosofia de Hume falar por si mesma: "Essa crença é o resultado necessário de colocar os homens em tais circunstâncias [a experiência repetida]. É uma operação da alma, quando assim estamos situados, tão inevitável como sentir a paixão do amor, quando recebemos benefícios, ou a do ódio quando deparamos com injúrias. Todas estas operações são uma espécie de instintos naturais, que nenhum raciocínio ou processo do entendimento é capaz de produzir ou de evitar" (EHU, p. 46-7). Creio que este texto desmente qualquer pretensão de encontrar em Hume uma derivação da crença causal a partir dos três princípios de associação. Tudo indica que, quando em 1748, nove anos depois do *Tratado*, Hume publicou a versão final de sua filosofia do conhecimento na *Investigação sobre o Entendimento*, todas as "negligências" de expressão acerca desses assuntos haviam sido definitivamente deixadas para trás.

2

O PRINCÍPIO DE HUME

Hume pretendeu explicar a crença causal por um princípio da natureza humana que distinguiu cuidadosamente do princípio clássico que levava o nome de "razão". A este último princípio reservou um papel mais restrito, como responsável por apenas uma espécie de raciocínio, o raciocínio de tipo dedutivo ou "demonstrativo" e nenhum outro. O principal argumento humeano contra a explicação da inferência causal pela razão era que este tipo de inferência dependia da repetição, e que a faculdade chamada "razão" padecia daquilo que se pode chamar uma certa "insensibilidade à repetição", ou seja, uma certa indiferença perante a experiência repetida. Em completo contraste com isso, o princípio defendido por nosso filósofo, um princípio para designar o qual propôs os nomes de "costume ou hábito", foi concebido como uma disposição humana caracterizada pela sensibilidade à repetição, podendo assim ser considerado um princípio adequado à explicação dos raciocínios derivados de experiências repetidas.[1]

---

[1] Hume, D. *An Enquiry concerning Human Understanding* (EHU). In: *Enquiries concerning Human Understanding and concerning the Principles*

Todos os termos filosóficos usados por Hume são palavras de uso relativamente comum, seguindo sua norma habitual de evitar o mais possível todo e qualquer recurso ao "jargão" filosófico.[2] Usou o termo "razão" tal como o encontrou na linguagem comum, e ao propor substituir a razão pelo hábito, como verdadeiro princípio de inferência causal, não deu qualquer indicação de estar usando o segundo desses termos, "hábito", de alguma outra maneira que não essa. Mas poderemos considerar satisfatório aceitar incriticamente esses nomes, "razão" por um lado, e "hábito" ou "costume" por outro, pelo seu valor facial? Creio que há alguma coisa mais a ser considerada, e que para identificar esse elemento a mais é preciso prestarmos atenção aos *conceitos* que se encontram por detrás desses nomes.

Que conceito de razão podemos encontrar nos textos de Hume? Só poderia ser o de seus contemporâneos, o conceito daquela capacidade humana de raciocínio que hoje, pelo menos na tradição filosófica continental, ainda é costume chamar "razão clássica". Certamente há muitos filósofos que estabelecem um contraste entre esse tipo de razão e a razão histórica, mas isso se passa em outro plano de reflexão. Talvez seja relativamente consensual postular que a razão clássica se constitui sobretudo como um poder de razão *dedutiva*, ou seja, aquela espécie de razão à qual Hume atribuía o conhecimento das "relações de idéias", no primeiro dos textos acima mencionados. Julgo que nosso filósofo, se sem dúvida procurou encerrar a razão no interior dos limites de uma capacidade dedutiva, não chegou propriamente a redefinir essa fa-

---

of Morals. Ed. de L.A. Selby-Bigge e rev. de P.H. Nidditch. Oxford, Clarendon Press, 1975, 3ª ed., IV, i, p. 25-6; V, i, p. 43.

2 EHU I, p. 12; II, p. 21.

culdade, nem tentou produzir um novo conceito de razão. Limitou-se a destronar a razão clássica, privando-a de sua posição soberana em filosofia, o que não foi pequena proeza – mas nunca sugeriu qualquer mudança profunda no conceito desse mesmo poder dedutivo.

Assim, uma primeira tese humeana é que a razão clássica, como razão dedutiva, era incapaz de outra coisa senão a dedução – sendo aqui a redundância apenas aparente, porque mesmo os que na época criticavam a indução enumerativa nunca deram sinais de duvidar de que este tipo de inferência era derivado da razão humana, "aliada à experiência". Só na filosofia de Hume se tornou claro que a razão clássica não passava de uma capacidade dedutiva, e não também de alguma coisa além disso. A operação humeana de "humilhação" da razão não constituíu um passo na direção do irracionalismo, mas simplesmente uma identificação dos limites dessa faculdade e do lugar que lhe competia no esquema geral da cognição humana. A filosofia crítica de Hume era sobretudo uma crítica do lugar excessivo reservado à razão pela tradição filosófica, mas aqui é importante insistir que seu conceito do núcleo central dessa faculdade não era fundamentalmente diferente da de seus contemporâneos e antecessores.

Comparemos agora o caso da razão com o do "costume ou hábito". Ambos estes termos eram ocasionalmente usados por outros filósofos, em alguns dos sentidos que esses termos possuíam na linguagem comum. Para Locke, a "idéia" do hábito era a de um "poder ou capacidade de alguém para fazer alguma coisa, quando adquirido por freqüentemente fazer essa mesma coisa".[3] Há um nítido contraste entre isso e

[3] Locke, J. *An Essay concerning Human Understanding.* Ed. de A.C. Fraser. Nova York, Dover Publications, 1959, II, xxii, 10, vol. I, p. 387.

o conceito humeano do costume ou hábito como consistindo, mais do que simplesmente numa capacidade, numa autêntica *propensão* para fazer alguma coisa que já foi repetidamente feita. Escreve ele: "Sempre que a repetição de um determinado ato ou operação produz uma propensão para renovar esse mesmo ato ou operação (...) sempre dizemos que essa propensão é efeito do hábito".[4]

Locke e Hume olharam cada um para um aspecto diferente da mesma disposição humana – não há aqui qualquer distinção importante entre "costume" e "hábito" – com o primeiro enfatizando o aspecto "capacidade" e o segundo acentuando mais o aspecto "propensão" ou "tendência" (ou ainda "instinto", EHU V, ii, 55), mas esta não é a diferença mais significativa entre ambos. No primeiro caso é mais acentuada a *freqüência*, e no segundo é mais acentuada a *repetição*. Mas não será o mesmo? Bem, sim e não, dependendo do contexto e da perspectiva – e no presente caso existe uma diferença *filosófica* importante, no fato de o conceito humeano desse princípio incluir, e por excelência, aqueles casos onde o que é relevante é *unicamente* a repetição, e não a repetição *no tempo*, como é patente ser o caso no texto de Locke e, julgo poder acrescentar, em todos os usos dos termos "hábito" ou "costume" anteriores a Hume.

Examinemos seus principais exemplos da operação de seu princípio do hábito ou costume: o choque de duas bolas de bilhar, uma pedra lançada no ar e depois caindo, a sucessão do fogo e do calor, ou da neve e do frio,[5] e outras "conjunções constantes". Em todos esses casos, basta apenas a repetição para que o princípio de Hume possa se exercer. Não

---

[4] EHU V, i, p. 43.

[5] EHU IV, i, p. 28, 29; V, i, p. 43, 46.

quero dizer que nosso filósofo tivesse ou devesse ter consciência disso, apenas que o conceito que tinha de seu próprio princípio era o de uma "sensibilidade" da natureza humana à observação de conjunções repetidas, e *não* o de uma sensibilidade à experiência do tempo *enquanto tal*. É evidente que nenhuma experiência é possível sem a passagem do tempo, qualquer espaço de tempo. Mas em alguns casos a passagem do tempo é o elemento *relevante*, em outros casos o único elemento relevante é a repetição. E em Hume este último é o único que conta, para dar significado a seu célebre princípio.

De que está nosso filósofo realmente falando aqui? Está falando de uma disposição que todos nós temos, a disposição para derivar, a partir da repetida concomitância de dois objetos em nossa experiência, a predição da mesma conjunção nas futuras experiências dos mesmos objetos. Se eu jogar um dado cinqüenta vezes seguidas e o resultado for sempre um número par, não hesitarei em concluir que o mesmo objeto se comportará sempre da mesma maneira, e esperarei que o próximo lance, talvez todos os futuros lances do mesmo dado, tenham como resultado um número par. Mas será isso realmente um efeito do hábito? David Hume simplesmente teria de responder afirmativamente a esta pergunta, mas muita gente, incluindo John Locke, daria uma resposta negativa, *independente* de sua aceitação ou recusa da teoria humeana da inferência causal por repetição.

Seria possível e legítimo, e certamente ainda é, aceitar a teoria humeana segundo a qual a inferência e a crença causais derivam da experiência de conjunções repetidas, juntamente com a negação de que o instrumento dessa derivação seja a razão (se concebermos essa faculdade como uma capacidade dedutiva, e essa capacidade como insensível à repetição) e ao mesmo tempo rejeitar a derivação humeana da inferência e da crença causais a partir do hábito ou costume.

Vejamos em que termos Hume argumenta contra a explicação pela razão das inferências derivadas da repetição: "A razão é incapaz de tal variação. As conclusões que ela extrai da consideração de um único círculo são as mesmas que ela tiraria do exame de todos os círculos do universo" (p. 43). Esta "incapacidade de variação" ou, como tenho vindo a sugerir, essa "insensibilidade" da razão à repetição, é o argumento decisivo de Hume a favor da eliminação da razão dedutiva como verdadeiro princípio da inferência causal. O conceito de razão com o qual ele trabalhava – o conceito vivo da razão em seu tempo – não era adequado para explicar qualquer processo em que a repetição fosse um aspecto essencial.

Ora no conceito que Hume tem de seu princípio de inferência causal podemos encontrar uma "insensibilidade" comparável – uma total indiferença à ação do *tempo* no processo que o filósofo pretende investigar com a ajuda desse princípio. Na experiência causal tal como é apresentada por sua teoria, a repetição é o único fator relevante: em nosso exemplo do dado, mas também nos exemplos que o filósofo nos dá do impulso e do movimento ou da queda dos corpos, do fogo seguido de calor ou da neve seguida de frio, o que conta é unicamente a repetição e não a passagem do tempo. O elemento decisivo é o número de repetições – quantas exatamente ninguém sabe, mas todo mundo sabe que há um limite – e não a duração de cada experiência. Um dado com o qual sai número par cinqüenta vezes em cinqüenta segundos, ou uma chama seguida de calor cinqüenta vezes em cinqüenta minutos, constituem experiências suficientes para permitir uma inferência causal, tanto como se fossem cinqüenta vezes em cinqüenta horas. E até seria possível, por absurdo, fazer uma inferência causal em cinqüenta anos, observando a mesma conjunção de fenômenos apenas uma vez por ano!

Mas creio que seria ainda mais absurdo insistir que o princípio humeano de indução tem *intrinsecamente* alguma coisa a ver com a passagem do tempo – mais do que a óbvia necessidade de *algum* tempo para que seja possível uma experiência repetida.

Será isso o que entendemos por costume ou hábito? Bem, certamente não é o que eu pessoalmente entendo por tais termos. Meu conceito de hábito é simplesmente, suponho eu, o conceito comum: o conceito de uma disposição para adquirir capacidades ou tendências pela ação do *tempo* em nossos corpos, em nossas mentes, ou em ambos. Creio igualmente que era esse o conceito comum de hábito na época de Hume, e também que nessa época ou antes dela o conceito de costume ou hábito nunca incluía processos exclusivamente derivados da repetição, sem influência do tempo. O hábito era então, e ainda é, uma certa sensibilidade à passagem do tempo – mesmo sem que haja repetição: se eu passar alguns dias sob um calor constante, ou um frio constante, sem qualquer interrupção e portanto sem que haja propriamente repetição, ficarei *habituado* ou *acostumado* ao calor ou ao frio, pelo menos tanto como se eu tivesse experiência dessas temperaturas a intervalos regulares, ou seja, se deles tivesse repetidas experiências. Em nosso conceito mais comum da influência do hábito, a repetição é dispensável, ao passo que o tempo é o elemento realmente indispensável para que seja possível falar da ação do hábito.

O conceito dominante do hábito, tanto na época de Hume como atualmente, geralmente inclui tanto um elemento de tempo como um elemento de repetição. Em sua teoria do aprendizado da linguagem, Berkeley já notava que "é preciso *tempo* e experiência por *atos repetidos* para adquirir o hábito de conhecer a conexão entre os signos e as coisas significadas".[6] No *Tratado* do mesmo filósofo o elemento mais importante parece ser o tempo: " (É) difícil (...) dissolver uma união tão cedo começada, e confirmada por um hábito tão longo como a união entre as palavras e as idéias".[7] Mas é evidente que Berkeley jamais teve qualquer noção de uma espécie de hábito que pudesse depender exclusivamente da repetição, independente da quantidade de tempo envolvida no processo.

Que foi que Hume realmente fez com respeito ao conceito de hábito, quando apresentou sua teoria da origem da inferência e da crença causal? Julgo podermos sugerir com segurança que ele *expandiu*, ou procurou expandir, o conceito de hábito ou costume. O que ele propôs aos leitores foi que uma crença ou inferência pode ser aceite como legítimo exemplo da influência do hábito simplesmente porque deriva da repetição, como tão claramente é explicitado na página 43 da *Investigação* (ver nota 5 acima). O que equivale a propor tacitamente um conceito ampliado de hábito, como disposição para ser influenciado só pelo tempo, *ou* só pela repetição, ou por ambos. Sendo a segunda dessas possibilidades, é claro, totalmente nova nesse conceito.

Que eu saiba, o conceito de hábito não mudou em nada desde a época de Hume. Para todo mundo, a repetição continua sendo um elemento plausível de um processo habitual apenas quando há também influência do tempo – que alguém pudesse realmente se acostumar a alguma coisa em

---

[6] Berkeley, G. *Alciphron or the Minute Philosopher.* In: *The Works of George Berkeley.* Ed. de A. Luce e T.E. Jessop. Diálogo 4, seção 11. Nendeln, Nelson, Klaus Reprint, 1979, vol. III, p. 155.

[7] *Idem. A Treatise on the Principles of the Human Mind.* Introdução, seção 23. In: *The Works of George Berkeley,* vol. II, p. 39.

apenas cinqüenta segundos é uma idéia simplesmente disparatada. Suponho que seja possível alguém se tornar *viciado* numa droga em poucos segundos, mas mesmo que isso realmente seja possível ninguém irá dizer que essa pessoa se acostumou ou habituou a essa droga, ou que a dependência tenha sido adquirida como efeito do hábito. O que se dirá será outra coisa: em alguns casos, se dirá que se trata simplesmente de dependência física, e não propriamente de hábito; e de costume talvez ainda menos.

Isso pode até se tornar um fator negativo entre os leitores de Hume, como obstáculo à aceitação da racionalidade de sua teoria da indução. Talvez muita gente "sinta" que o que acontece quando se aprende alguma coisa, mesmo quando aprendida a partir da experiência repetida, não depende da duração temporal do processo de aprendizagem, tornando-se assim implausível que ele realmente possa depender do hábito. Bem sei que houve pessoas especiais, como Bertrand Russell, que adotaram uma ou outra versão dessa teoria. Em seu *An Outline of Philosophy* há um capítulo sobre "A inferência como hábito".[8] Mas o que Russell entende aqui por "hábito" tem sobretudo a ver com reações corporais e reflexos condicionados, sendo Hume referido apenas como autor de argumentos céticos a respeito da indução, sem qualquer referência direta a seu conceito de costume ou hábito (p. 83-4). Nunca encontrei em qualquer filósofo quaisquer vestígios de convicção de que o hábito possa ser concebido independentemente do fator tempo.

Outro aspecto importante do princípio humeano da inferência causal é que seus efeitos sobre o espírito humano

---

[8] Russell. B. *An Outline of Philosophy*. Londres, George Allen & Unwin, 1927, p. 82 e ss.

são *inevitáveis,* coisa que é totalmente impensável em qualquer caso de hábito "tradicional". A *Investigação* é claríssima: trata-se de um "instinto ou tendência mecânica" que é sempre "infalível em suas operações". A crença causal é um "resultado necessário" da observação de conjunções constantes: "é uma operação da alma, quando estamos nessa situação, tão inevitável como sentir a paixão do amor, quando recebemos benefícios, ou a do ódio quando deparamos com injúrias" (EHU V, ii, p. 55). Estamos bem longe do domínio do autêntico hábito ou costume onde, conforme sabemos, o que temos é no máximo alguma *inclinação* para certos comportamentos ou para determinados pensamentos, mas nunca a ponto de alguém ser totalmente incapaz de evitá-los. De modo que há alguma coisa mais, além da independência em relação ao tempo, que a teoria de Hume implicitamente tenta acrescentar ao conceito comum de hábito: a possibilidade, em certos casos, de haver conseqüências *forçosas* e realmente inevitáveis desse princípio.

O conceito de hábito com que ficaríamos, se não fossem as sugestões de Hume – ou com o qual efetivamente ficaremos, se ignorarmos essas sugestões – corresponde em parte à caracterização, proposta pelo próprio filósofo, de um mecanismo completamente diferente, a célebre associação de idéias, como "uma força suave, que em geral prevalece".[9] A associação de idéias é na filosofia de Hume outro importante princípio da natureza humana, mas este "princípio de conexão se limita a levar nossas ideias "a se introduzirem umas às outras com um *certo grau* de método e regularidade" (EHU III, p. 23; meu sublinhado).

---

[9] Hume, D. *A Treatise of Human Nature* (THN). Ed. de L.A. Selby-Bigge. Oxford, Clarendon Press, 1958, I, i, 4, p. 10.

Nesse caso nada é realmente inevitável. O *Tratado* é perfeitamente explícito quanto a isso: a associação "não deve ser considerada uma conexão inseparável" *(ibidem)*. Esse aspecto apresenta um forte contraste com o "infalível" princípio humeano de indução – e não, curiosamente, com o hábito como é e era geralmente considerado pelas outras pessoas, sejam filósofos ou não. Na sabedoria popular temos uma idéia clara da "força do hábito" e até, pelo menos desde o tempo de Aristóteles, do hábito como "segunda natureza", mas aí nada pode ser comparado com a força do princípio humeano na formação das inferências e crenças causais. Se Hume tivesse reconhecido a existência do conceito comum de hábito, enquanto distinto de seu próprio conceito, é provável que tivesse considerado relativamente insignificante sua força, tal como fez no caso da associação de idéias.

No entanto, permanece o fato de ele não ter reconhecido esse conceito independente, e sua *Investigação* insiste que "costume" e "hábito" são os nomes adequados para designar aquele princípio de inferência que em sua filosofia vem ocupar o lugar da razão. Mas por que terá ele feito essa opção? Por que não se limitou simplesmente a defender sua nova idéia de uma sensibilidade à experiência repetida, abstendo-se de qualquer tentativa de inclui-la dentro do âmbito de um conhecido princípio da natureza humana? Bem, já vimos seus ataques contra "a filosofia abstrusa e o jargão metafísico",[10] e uma explicação plausível da escolha de nosso filósofo poderia ser que introduzir seu novo princípio – se é que tenho razão em assim considerá-lo – o obrigaria a dar-lhe um novo nome, e qualquer escolha que fizesse poderia fazê-lo aparecer, talvez

[10] EHU I, p. 12, ver nota 2 acima.

especialmente a seus próprios olhos, como sendo "culpado de jargão" – o que é o menos que podemos dizer.

É o menos que podemos dizer porque poderia ser ainda pior. Encontramos no *Tratado da Natureza Humana* duas páginas altamente irônicas a respeito dos filósofos antigos. São páginas que deveriam ser lidas integralmente, mas devemos aqui limitar-nos àquelas passagens onde Hume ridiculariza aqueles filósofos que encontram "um consolo em meio a todas as suas decepções e aflições" no recurso "a faculdades e qualidades ocultas": "Basta-lhes dizer, de qualquer fenômeno que os intrigue, que ele deriva de uma faculdade ou de uma qualidade oculta, e põem fim a toda e qualquer disputa acerca do assunto".[11] Seria possível que algum dia, nesse tipo de jogo, David Hume entrasse para o rol dos suspeitos? Por que não? O *hypotheses non fingo* newtoniano é um exemplo arqui-conhecido de tentativa para não entrar para esse rol de suspeitos – e felizmente Newton sem dúvida alguma forjou diversas brilhantes hipóteses. O mesmo se passou com Hume – mas este podia dispor de um caminho mais seguro para fugir a essa espécie de dificuldade.

Minha sugestão aqui é que era mais seguro apontar para alguma coisa que já estivesse presente, e propor argumentos como o seguinte, acerca da escolha do termo "costume": "Ao empregar esta palavra não pretendo oferecer a razão última de uma tal propensão. *Apenas aponto um princípio da natureza humana que é universalmente reconhecido, e bem conhecido por seus efeitos*" (EHU V, i, p. 43; meu itálico). Sem jargão não há mais qualquer perigo. É claro que isto é uma extrema simplificação de um problema muito complexo, e talvez seja

---

[11] THN, I, iv, 3, p. 223-5. Um texto análogo pode ser encontrado nos *Diálogos* de Hume, como se verá mais adiante.

um pouco injusto para com Hume. São bem-vindas alternativas diferentes. Seja como for, o "princípio bem conhecido" não era o princípio de Hume – ainda não. Há apenas uma *analogia* entre ambos. Nosso filósofo pode ter pensado que o verdadeiro conceito de hábito ou costume era *realmente* o novo conceito ampliado que ele propunha na *Investigação*, e que as outras pessoas simplesmente não eram capazes de entender isso. Quanto a mim, prefiro insistir na radical novidade da idéia de uma disposição humana de sensibilidade à repetição independente do tempo, que apresenta uma analogia parcial com a "velha " disposição mas não pode ser sumariamente identificada com ela. Mais: a nova disposição trabalha apenas com *conjunções*, sendo obviamente excluídas outras possibilidades do campo cognitivo assim criado na mente humana.

Hume chegou a considerar outra possibilidade no *Tratado*, embora a tenha suprimido na *Investigação*. Diz ele que a educação depende em grande medida do "costume e da repetição", constituindo isto um exemplo de "outros tipos de costume" ou "outros hábitos". Esse é o único exemplo que Hume nos dá do hábito ou costume influenciando a mente na ausência de quaisquer conjunções. É esse o caso quando "uma mera ideia sozinha (...) aparece com freqüência na mente", passando assim a "adquirir facilidade e força", assim se distinguindo em meio às outras idéias.[12] Em resumo: aqueles jovens que no século de Hume estavam submetidos ao sistema britânico de ensino tinham algumas idéias imprimidas no espírito pela repetição freqüente, agindo sobre eles exatamente do mesmo modo que aquelas idéias "que nos são apresentadas pelos sentidos, pela memória ou pela razão". Esta é

[12] THN I, iii, 9, p. 117, 115, 106, 114.

outra página magnificamente irônica, na qual essa espécie de ensino é comparada aos mentirosos que, "pela freqüente repetição de suas mentiras, acabam finalmente por se lembrar delas" (THN I, iii, 9, p. 117; cf. 5, p. 86: lembrar e *acreditar*), mas que realmente apresenta o exemplo de um tipo de hábito diferente do princípio humeano do raciocínio causal. Que felizmente se encontra mais do lado do hábito "tradicional", estando sua força bem longe da inevitabilidade do princípio de Hume – se assim não fosse, aqueles infelizes estudantes britânicos ficariam para sempre prisioneiros da teia de mentiras que suas escolas, por meio de uma insistente repetição, edificaram em seus tenros espíritos.

O próprio título desta seção ("Dos efeitos de outras relações, e outros hábitos") revela que Hume tinha plena consciência da pluralidade dos "hábitos", ou seja, da variedade de dimensões dessa disposição. Mas esse conceito, ao contrário do conceito de consciência, está longe de ser um "conceito-constelação", muito menos um "conceito híbrido":[13] foi Hume quem se propôs introduzir uma nova dimensão. O caráter "outro" dessa nova dimensão é admitido, embora de maneira oblíqua e indireta, no título da seção, apesar da tese humeana oficial de que ele é parte de um "princípio bem conhecido". Certamente ele poderia fazer parte de um vasto conceito de costume ou hábito, incluindo os três elementos acima indicados, e não apenas aqueles dois que são geralmente admitidos (o tempo e a repetição no tempo, não apenas a repetição). Tudo depende da convenção que resolvermos adoptar.

---

[13] Cf. Block, N. "On a Confusion about a Function of Consciousness". In: Block, N.; Flanagan, O. & Güzeldere, G. (eds.). *The Nature of Consciousness*. Cambridge (Ma.)/Londres, MIT Press, 1997, p. 375.

Seria possível insistir, contra Hume, que a convenção relativa ao uso desses termos não inclui a possibilidade de adquirir um hábito em menos de um minuto... Mas mais interessante do que isso, creio eu, é distinguir entre a decisão humeana de apresentar seu princípio como mais um aspecto do costume, por um lado, e por outro lado o exato conceito daquele princípio que é operativo em sua filosofia. Pode ser legítimo questionar, e até lamentar, a primeira decisão e ao mesmo tempo aplaudir a construção daquele conceito e o papel que desempenha na epistemologia de Hume.

Se a distinção proposta e, sem dúvida, a *separação* desse conceito de seu quadro teórico, for aceite, poderemos deixar momentaneamente de lado esse quadro e seus problemas e concentrar-nos na discussão da natureza do princípio de Hume. O que temos agora é simplesmente o conceito de uma disposição, partilhada pelos homens e pelos animais (THN I, iii, 16; EHU IX), para gerar expectativas de conjunções futuras através de um processo deflagrado pela experiência de idênticas conjunções de objectos e eventos.

O princípio de Hume é uma disposição instintual, com fortíssima influência em nosso espírito, e é um dos mais importantes instrumentos de sobrevivência ao nosso dispor. Escreve Hume num de seus momentos mais especulativos: "Aqui temos, assim, uma espécie de harmonia pré-estabelecida entre o curso da natureza e a sucessão de nossas idéias; e embora os poderes e forças pelos quais é governado o primeiro nos sejam totalmente desconhecidos, mesmo assim verificamos que nossos pensamentos e concepções seguem o mesmo trilho que as outras obras da natureza" (EHU V, ii, p. 54-5). O que significa que nossas predições tendem a ser corretas, apesar da sua origem inconsciente nos escaninhos mais obscuros da natureza humana, a uma enorme distância da transparência cartesiana da razão dedutiva.

A partir dessa perspectiva, podemos começar a suspeitar que o princípio de Hume, afinal, corresponde simplesmente ao conceito da disposição humana para fazer *induções enumerativas*, um conceito que por um lado abrange também os animais, e por outro lado é dissociado da razão dedutiva, e que além disso apresenta outros novos aspectos interessantes – mas no fundo não passa da disposição que temos para derivar induções enumerativas das conjunções repetidas que experimentamos.[14] Por outro lado, temos também o famoso "problema de Hume", celebrado por todos desde Kant até Popper e Quine, com a consequente dissociação daquela "disposição indutiva" em relação ao território da lógica. Se ela for também dissociada do território do hábito, por sua vez, pelo menos mediante uma decisão metodológica, o princípio de Hume vai ficar numa posição relativamente isolada, como um "poder" independente da natureza humana, o "poder da indução causal enumerativa".

Contrariamente a Bacon e Berkeley antes dele, e praticamente todos os filósofos posteriores a seu tempo, David Hume nunca usou o termo "indução" no sentido clássico de "inferência extraída do particular" (cf. Berkeley, "induction of particulars" no seu *Tratado,* parte I, seção 50, p. 62). Esse termo aparece duas vezes no *Tratado* de Hume, e uma vez na segunda *Investigação*, apenas no sentido geral de "argumento" ou "raciocínio".[15] Adam Smith, um dos mais íntimos ami-

---

[14] Fred Wilson encontra em Hume uma recusa da indução enumerativa, concepção que critico em meu "Hume's Empiricism and the Rationality of Induction", em *Modern Philosophy,* vol. VII, *Proceedings of the Twentieth World Congress of Philosophy,* Boston, Philosophy Documentation Center, 2000, texto parte do qual é utilizado na introdução a este volume.

gos de Hume, retomou o velho uso desse termo, ao mesmo tempo que voltava a atribuir a indução à razão – assim descartando totalmente a mais famosa das teorias do seu amigo. Escreve Smith: "As máximas gerais da moral são formadas, tal como as outras máximas gerais, a partir da experiência e da indução. Observamos numa grande variedade de casos o que agrada ou desagrada a nossas faculdades morais, o que estas aprovam ou desaprovam e, por indução a partir desta experiência, estabelecemos essas regras gerais. Mas a indução é sempre considerada uma das operações da razão".[16]

Quanto a mim, sinto-me perfeitamente à vontade com o referido isolamento do princípio de Hume, mas o próprio filósofo poderia ter-se sentido pouco confortável com ele. Nos *Diálogos sobre a Religião Natural*, Hume volta a ridicularizar as qualidades ocultas, em termos semelhantes aos do *Tratado*, quando Fílon, o herói dessa obra, diz a seu oponente: "Era costume entre os peripatéticos, sabes, Cleanto, quando se perguntava pela causa de qualquer fenômeno, recorrer a suas faculdades ou *qualidades ocultas*, e dizer, por exemplo, que o pão nutria devido a sua faculdade nutritiva, e o sena purgava devido a sua qualidade purgativa".[17] Como isso não passava de "disfarce da ignorância", seria natural que Hume receasse em seu próprio caso alguma possível suspeita de ele próprio

[15] THN I, ii, 1, p. 26; Apêndice, p. 628; *An Enquiry concerning the Principles of Morals*. In: *Enquiries concerning Human Understanding and concerning the Principles of Morals*. Ed. de L.A. Selby-Bigge e rev. de P.H. Nidditch. Oxford, Clarendon Press, 1975, 3ª ed., I, p. 170.

[16] Smith, A. *The Theory of Moral Sentiments*, VII, iii, 2.5. Indianápolis, Liberty Classics, 1982, p. 319.

[17] Hume, D. *Dialogues concerning Natural Religion*. Ed. de Norman Kemp Smith. Indianápolis/Nova York, Bobbs-Merrill, 1947, IV, p. 162.

ser culpado de um tal primarismo. A explicação por uma qualidade nutritiva oculta, ou por uma faculdade purgativa, não seria pior do que uma explicação da indução enumerativa por ... uma faculdade indutiva.

Hoje em dia, a noção de um mecanismo cerebral especializado na conversão do *input* resultante da observação de conjunções repetidas num *output* consistindo em predições de idênticas conjunções no futuro, provavelmente corresponde a uma suposição tão natural como muitas outras, sem apresentar dificuldades epistemológicas especiais. Claro que essa suposição não permite explicar satisfatoriamente por que fazemos predições com base em tão escassas provas, mas pelo menos em princípio poderemos achar que a explicação deve ser buscada nessa direção – e não na lógica (razão dedutiva) ou na psicologia popular (hábito ou costume).

Não há em Hume qualquer crítica destrutiva da indução enumerativa, nem por outro lado nosso filósofo se contenta com ela, como fonte de informação indutiva a respeito do mundo natural, assim como do comportamento humano, individual ou social. Por outro lado ainda, a inferência causal também pode dispensar a experiência repetida como ponto de partida e simplesmente começar com "experiências singulares", quando as circunstâncias são favoráveis. Discuto este assunto em outro lugar,[18] mas é bom frizar que a realidade desse tipo de "indução secundária" é totalmente explícita nas obras de nosso filósofo. Nestas últimas, as inferências tiradas de experiências singulares se tornam possíveis "depois de pôr de lado as circunstâncias estranhas e supérfluas".[19]

---

[18] Ver neste volume o ensaio "Indução e a Experiência Singular".

[19] THN I, iii, 8, p. 104; 12, p. 131; EHU IX, p. 107.

Uma interpretação plausível desta e de outras expressões humeanas um pouco crípticas poderia ser a seguinte. Pelo menos uma das situações epistêmicas em que as induções extraídas de experiências singulares se tornam viáveis caracteriza-se pela existência de conjunções de pares de eventos em "uma" classe de objectos. Se por exemplo na classe dos metais as mudanças de temperatura (primeiro evento) são *regularmente* seguidas por mudanças de estado (segundo evento), essa regularidade pode ela mesma ser aprendida por "indução" – um tipo de indução mais "abstrato", talvez – e servir como ponto de partida para novas predições. Quando um novo membro dessa classe de objetos (como por exemplo o mercúrio) é submetido a uma mudança de temperatura e essa mudança é seguida de uma mudança de estado (como por exemplo o mercúrio ficar congelado a uma temperatura muito baixa), basta uma só experiência dessa conjunção de eventos para permitir tirar uma conclusão indutiva. Hume nunca indicou um exemplo claro desse tipo de inferência.[20] Foi Thomas Reid quem primeiro apresentou um exemplo desses – precisamente o exemplo do mercúrio congelado.

Que as induções derivadas de casos singulares, e não apenas as induções por enumeração, também derivam do princípio de Hume, é talvez o aspecto mais original de sua filosofia do conhecimento. Afinal de contas, muito antes de Hume já todo mundo sabia que a indução por enumeração simples deriva da repetição de conjunções – mas ninguém

[20] Não obstante, Russell apresenta, no citado capítulo sobre o hábito, a "indução" que uma criança faz, ao tocar numa maçaneta que lhe dá um choque eléctrico e depois evitar tocar na maçaneta, como exemplo de "uma indução assente num exemplo singular" (p. 83-4).

sabia que todas as crenças causais diretamente originadas na observação de uma única conjunção de fenômenos também derivam, em última instância, do mesmo tipo de experiência. Era do conhecimento geral que *algumas* inferências derivam da repetição, e a verdadeira novidade oferecida por Hume à filosofia foi que, no fundo, *todas* as inferências causais derivam dela. E se minimizarmos a importância da analogia entre o princípio humeano de repetição e o hábito ou costume propriamente ditos, como venho sugerindo aqui, esse aspecto poderá destacar-se como a única marca verdadeiramente original desse princípio. Como veremos em seguida, isso poderá contribuir para salientar sua importância no quadro geral de uma teoria da racionalidade.

Espero que a explicação desse tipo de inferência em termos de induções "abstratas", em vez de eventos concretos, possa deixar claro como são possíveis as inferências humeanas, ou reideanas, derivadas de experiências singulares. Mas de qualquer modo parece-me que o anúncio humeano da possibilidade desse tipo de inferência abre espaço para um novo argumento a favor das vantagens de um tratamento isolado do princípio de Hume. Porque esse aspecto da inferência causal claramente não tem nada a ver com o hábito ou costume de qualquer daquelas espécies, ou "outros hábitos", que eram abrangidos pelo conceito de hábito antes de Hume e até nossos dias. Pode parecer razoável dizer que alguém se "acostumou", por exemplo, a sentir que a neve é fria – mas dizer que alguém se "acostumou" à regularidade com a qual os metais mudam de estado quando submetidos a mudanças de temperatura seria, creio eu, imediatamente reconhecido como um contra-senso. É uma operação demasiado "intelectual" para permitir tal "psicologização". Sem dúvida, no caso das induções "concretas" o uso linguístico acima indicado apenas *parece* racional; pessoalmente, creio que também constituiria uma grave distorsão do problema da indução na epistemologia humeana.

O princípio de Hume é um princípio especial, e é a chave para qualquer compreensão de sua epistemologia como uma filosofia da *racionalidade*. Esta última palavra não era de uso corrente no tempo de nosso filósofo – embora "razoabilidade" o fosse, tal como o adjetivo "racional" – de modo que a racionalidade não costumava ser discutida sob esse nome. Mas Hume nunca disse ou sequer sugeriu que a inferência causal, como ele sempre chamava o que outros preferiam chamar "indução", não fosse racional ou fosse em qualquer sentido desrazoável: apenas *demonstrou*, no sentido mais forte do termo, que seria ilógico derivar esse tipo de inferência da razão dedutiva – ou razão clássica. E há até uma passagem fortemente sugestiva de que Hume nunca sonhou sequer que qualquer *autêntica* inferência causal pudesse deixar de ser *razoável*. Quando na primeira *Investigação* acentua que ninguém que não tivesse alguma experiência anterior poderia inferir uma relação causal de uma experiência singular, Hume acrescenta o seguinte: "Nem é *razoável* concluir, só porque em um caso um evento precede outro, que portanto um deles é a causa e o outro o efeito" (...). Pode não haver *razão* para inferir a existência de um do aparecimento do outro" (EHU V, i, p. 42; itálicos meus). Parece ser aqui inevitável concluir, a respeito do sentido e intenção da teoria humeana, que quando um evento repetidamente precede outro há *boas razões* para concluir que ele é sua causa, se nada puder ser alegado contra isso, e que essa é nesse caso a única conclusão *razoável* que se pode tirar.

Mas em que sentido poderá dizer-se que as conjunções repetidas que observamos constituem boas razões? Esse é um caso onde "bom" não pode qualificar as razões como sinônimo de "válido", em qualquer sentido lógico ou dedutivo. Que outros sentidos há? Esses outros sentidos dificilmente poderiam ser "psicológicos", pois nesse caso não constituiriam propriamente boas razões. A interpretação popperiana de Hume consiste precisamente em concluir que, se o hábito ou costume é a causa de nossas inferências, nesse caso o problema de Hume não passa de um problema "psicológico", incapaz de qualquer verdadeira solução, dado que a resposta nunca nos pode dar qualquer espécie de razões. Mas a conjunção repetida de dois fenômenos pode ser considerada uma boa razão para rejeitar a *hipótese* de que sua concomitância, nos casos observados e de um modo geral, se deve inteiramente ao *acaso*.

Nem Hume nem qualquer de seus contemporâneos tinha uma verdadeira teoria das hipóteses ou conjecturas,[21] e por outro lado Hume tinha como posição oficial que "o que o vulgo chama acaso não passa de uma causa secreta e escondida" (THN I, iii, 12, p. 130; cf. EHU VI, p. 56). Em sua filosofia havia pouco lugar para teorias acerca das hipóteses ou acerca do acaso, ou acerca das hipóteses de acaso. Mas convém não esquecer que seu princípio era eminentemente um princípio de sobrevivência, e que se a humanidade sobreviveu foi porque, tal como outras espécies, temos a capacidade mental de distinguir entre aquelas conjunções de fenômenos que são fortuitas e irrelevantes e aquelas que são causais, sendo algumas delas da mais vital importância. Hume nunca foi por este caminho, mas esta seria uma maneira possível de alegar que uma conjunção repetida constitui uma boa razão – como boa razão para rejeitar ou eliminar a hipótese de que a conjunção em questão possa ser devida apenas ao acaso.[22]

---

[21] Ver meu "Hume's Conception of Science". In: *Journal of the History of Philosophy*, vol. XIX, n. 3, 1981.

[22] Ver neste volume o ensaio "Indução, Acaso e Racionalidade".

E Hume não deixa de dizer que não é razoável extrair conclusões de qualquer conjunção solitária porque ela "pode ser arbitrária e casual" (EHU V, i, p. 42). O que significa que essa conjunção poderia ser um exemplo de acaso, e implica que a repetição revela que ela provavelmente não o é.

A todo o momento estamos experienciando conjunções de fenômenos de toda a espécie, e muitas delas são conjunções casuais: simplesmente "acontece" que um cão ladra ao longe depois de eu entrar por uma porta, ou que escuto um trovão logo depois de fechar essa porta, para falar apenas de conjunções entre atos e sons. Ninguém iria imaginar em tais casos que esses sons são efeitos dos atos que os antecederam na experiência de alguém. Mas há milhões de outros exemplos, a todo o instante, quase todos eles sem qualquer conexão uns com os outros, e apenas alguns deles representam conexões causais de alguma espécie. A teoria de Hume é que só podemos descobrir quais são estes últimos através da observação de conjunções repetidas entre esses fenômenos naturalmente conectados, que só aprendemos que eles estão conectados através de suas conjunções frequentes ou constantes, e seu grande princípio é uma certa sensibilidade a essas conjunções. Talvez ele concordasse que, se todas as conjunções produzissem expectativas em nós, ficaríamos submergidos em um mundo mental caótico, e que se nenhuma o fizesse seríamos eliminados pela primeira conjunção letal que se atravessasse em nosso caminho. O princípio de Hume, distinguindo algumas delas mas apenas aquelas que se repetem suficientemente, fica situado numa conveniente posição intermédia, em sua qualidade de instrumento de sobrevivência.

O princípio de Hume é, segundo penso, um claro princípio de racionalidade. Além da racionalidade "dedutiva", exemplificada em seu tempo pelas ciências matemáticas, mas na qual nosso filósofo não teria hesitado em incluir nossa lógica formal contemporânea – uma forma de racionalidade que ele situava no puro domínio das "relações de idéias" – para além desta havia uma forma diferente de racionalidade, a ser encontrada na descoberta das regularidades do mundo natural. Quando na *Investigação* Hume se propõe descobrir "a natureza da evidência que nos garante a existência real e as questões de fato" (EHU IV, i, p. 26), o que ele está anunciando é sua busca de uma nova fonte de racionalidade, para substituir a velha fonte que outros julgavam ter encontrado na razão clássica. Foi isso que Hume demonstrou ser um sonho impossível. Não tenho certeza se o sonho de Hume é demonstravelmente possível – mas que poderia sê-lo é, segundo creio, o que a epistemologia contemporânea tem vindo a tentar estabelecer.

3

HUME E A EXPERIÊNCIA SINGULAR

I

A experiência *repetida* tem na filosofia humeana do conhecimento um papel tão relevante e tão notório, que quase se arrisca a apagar o papel desempenhado nessa filosofia pela experiência *singular*. Os raciocínios causais, ou indutivos, não são apenas diretamente derivados de "conjunções constantes" ou "freqüentes", podem consistir também em inferências feitas a partir de um único exemplo do fenômeno examinado. Os textos falam por si sós:

> "Não apenas em filosofia, mas até na vida comum, podemos chegar ao conhecimento de uma determinada causa simplesmente a partir de *um só* experimento, desde que feito com critério, e após se descartarem cuidadosamente todas as circunstâncias estranhas e supérfluas".[1]

---

[1] Hume, D. *A Treatise of Human Nature* (THN). Ed. de L.A. Selby-Bigge. Oxford, Clarendon Press, 1958, I, iii, 8, p. 104 (itálico meu).

É certo que estes raciocínios fundados em um só experimento parecem ter sua legitimidade, ou mesmo sua possibilidade, excluída por diversos outros textos do mesmo filósofo. Um exemplo:

> "Quem tivesse visto *apenas um* corpo se mover sob o impulso de outro nunca poderia inferir que qualquer outro corpo seria movido por idêntico impulso".[2]

Os dois textos só aparentemente se contradizem. Ao contrário deste último, o primeiro é acompanhado pela referência a uma regra ou princípio antecedente, capaz de gerar a possibilidade de proceder a uma inferência a partir dessa experiência única:

> "Embora aqui se suponha que temos apenas um experimento de um determinado efeito, temos contudo muitos milhões para nos convencer desse princípio, que *objetos idênticos, colocados em circunstâncias idênticas, sempre produzem efeitos idênticos*".[3]

Fica assim esclarecido que são possíveis as inferências indutivas a partir de experiências singulares, desde que se tenha o cuidado de considerar apenas o que é essencial nas cir-

---

[2] Hume, D. *An Enquiry concerning Human Understanding* (EHU). In: *Enquiries concerning Human Understanding and concerning the Principles of Morals*. Ed. de L.A. Selby-Bigge e rev. de P.H. Nidditch. Oxford, Clarendon Press, 1975, 3ª ed., V, i, p. 43 (itálico meu).

[3] THN, p. 105.

cunstâncias do caso, afastando o que é estranho e supérfluo, e desde que se aplique ao caso um princípio geral herdado de um rico manancial de experiências repetidas anteriores. Tudo indica que, embora fique assegurado o primado da repetição, fica também estabelecido que a experiência repetida deve ser dispensada em todos os casos aos quais possa aplicar-se esse princípio geral.

O terreno que nos fazem pisar os comentadores da filosofia humeana que nesta se limitam a enfatizar o papel das conjunções e experiências repetidas é, portanto, um terreno escorregadio. Um dos mais antigos desses comentadores parece mesmo ter-se enganado redondamente a esse respeito. Numa obra de 1805, Thomas Brown utiliza a questão da experiência singular como elemento de *crítica* à concepção humeana da indução. Partindo do estudo da *Investigação (Enquiry)*, Brown censura Hume porque para este, conforme alega, a inferência causal "não surge na mente após um exemplo singular de seqüência, mas só depois de repetidos exemplos dessa mesma seqüência; pois não é numa observação única, nem num único resultado da experiência, que nos apoiamos para confiar plenamente que descobrimos uma causa".[4] Esta teoria atribuída a Hume por Thomas Brown é frontalmente desmentida pelo texto do *Tratado* aqui citado em primeiro lugar.

Este erro não costuma ser repetido pelos comentadores mais recentes, mas quando por exemplo Antony Flew se limita a dizer que para Hume os raciocínios indutivos são

---

[4] Brown, T. *Observations on the Nature and Tendency of the Doctrine of Mr. Hume concerning the Relation of Cause and Effect.* In: Brown, R. (ed.). *Between Hume and Mill.* Nova York, The Modern Library, 1970, p. 324 e ss.

produtos de repetições,[5] ou quando Deleuze afirma que para esse filósofo aqueles raciocínios vêm de uma experiência cuja "essência é a repetição de casos semelhantes",[6] ficam faltando esclarecimentos importantes. Tanto mais que o próprio Hume contribui pouco para esses esclarecimentos, e em sua formulação do problema usa uma linguagem onde se acentua apenas a importância da repetição, como no seguinte texto, que apresenta como a "conclusão de todo o assunto" da indução, e é o ponto de partida da equivocada análise de Brown:

> "Toda crença em questões de fato e existência real deriva meramente de um objeto presente à memória ou aos sentidos e de uma conjunção costumeira entre ele e um outro objeto; ou por outras palavras, depois de constatar que, em muitos casos, quaisquer duas espécies de objetos, como a chama e o calor, ou a neve e o frio, sempre estiveram conjugadas, se a chama ou a neve se apresentarem novamente aos sentidos a mente é levada pelo costume a esperar o calor ou o frio, e a acreditar que essa qualidade existe e se manifestará se nos aproximarmos mais de perto".[7]

---

[5] Flew, A. *Hume's Philosophy of Belief.* Londres, Routledge & Kegan Paul, 1961, p. 94 e ss.

[6] Deleuze, G. *Empirisme et Subjetivité – Essai sur la Nature Humaine selon Hume.* Paris, PUF, 1953, p. 64. Outra expressão que se presta a equívocos: "Sem conjunção constante, sem experiência passada formando hábito, não há inferência causal". Malherbe, M. *La Philosophie Empiriste de David Hume.* Paris, Vrin, 1976, p. 125.

[7] EHU V, i, p. 46; cf. Flew, *op. cit.,* p. 93.

Seria ilusório supor que entre o *Tratado* de 1739 e esta *Investigação* de 1748 Hume tivesse modificado este aspecto de sua filosofia, passando na segunda dessas obras a concentrar-se exclusivamente no papel da experiência repetida, em detrimento do outro tipo de experiência. A tese acerca das inferências tiradas de experiências singulares é retomada quase nos mesmos termos na *Investigação*, embora esteja um pouco oculta numa nota da seção sobre a "Razão dos Animais", no quadro de uma comparação entre a cognição animal e a humana:

> "Depois de vivermos algum tempo e nos acostumarmos à uniformidade da natureza, adquirimos um hábito geral pelo qual sempre transferimos o conhecido para o desconhecido, e concebemos este último como similar ao primeiro. Por meio desse princípio geral habitual, consideramos que mesmo *um só* experimento serve de fundamento para o raciocínio, e esperamos uma ocorrência similar com o mesmo grau de certeza, sempre que o experimento é feito com exatidão e livre de todas as circunstâncias estranhas".[8]

Creio ser este um texto suficientemente análogo ao do *Tratado* para não deixar qualquer dúvida quanto à identidade de conteúdo e significado existente entre ambos, para além de algumas diferenças de pormenor. Trata-se do mesmo tema da possibilidade de inferências tiradas de experiências singu-

[8] EHU IX, p. 107 (itálico meu).

lares, com base num princípio mais geral que por sua vez depende de experiências repetidas – como é explicitado na referência ao hábito neste último texto.[9]

II

Mas qual é exatamente o caráter desse princípio geral, que em sua primeira versão se traduzia na fórmula "objetos idênticos produzem efeitos idênticos", e nesta outra obra aparece como uma regra de "transferência do conhecido para o desconhecido"? É interessante notar que a fórmula do *Tratado* é equivalente à de uma outra "regra geral" apresentada mais adiante na mesma obra:

> "A mesma causa produz sempre o mesmo efeito, e o mesmo efeito nunca surge a não ser da mesma causa".[10]

Esta é a quarta de uma série de oito regras destinadas a "julgar as causas e os efeitos", distinguindo entre os objetos que meramente surgem conjugados em nossa experiência e aqueles realmente ligados pela causalidade. Nem esta nem qualquer das outras sete se refere à possibilidade de inferências a partir do singular. Mas esta quarta regra e o princípio enun-

---

[9] Como escreveu em 1879 um outro antigo comentador: "O que Hume quer dizer com 'costume' ou 'hábito' é apenas a repetição das experiências". Huxley, T. *Hume*. Londres, Macmillan and Co., 1984, 2ª ed., p. 116.

[10] THN I, iii, 15, p. 173.

ciado algumas dezenas de páginas antes deixam-se ambos resumir da mesma maneira: qualquer deles diz essencialmente que as mesmas causas produzem os mesmos efeitos. E na segunda está implícito o que vinha explicitado na primeira – que para tal é necessário as circunstâncias serem também as mesmas.

Trata-se portanto do mesmo princípio ou regra geral ("mesma causa, mesmo efeito"), mas o comentário da segunda formulação aponta para uma *aplicação* diferente:

> "Quando por um claro experimento chegamos à descoberta das causas ou efeitos de qualquer fenômeno, imediatamente estendemos nossa observação a todos os fenômenos dessa mesma espécie, sem esperar por aquela repetição constante da qual deriva a primeira idéia dessa relação".[11]

Ao dizer que é *imediatamente* que estendemos uma conclusão indutiva a outros fenômenos, este comentário não impõe a necessidade de qualquer nova experiência, repetida ou apenas singular, antes de tirar uma segunda conclusão, como aplicação da primeira. Só a repetição é aqui diretamente referida, mas não é apenas ela que se torna dispensável neste caso, é também a simples experiência singular. Esta regra não se destina a tornar esta última forma de experiência um fundamento suficiente para uma nova conclusão, dispensando a repetição; destina-se a possibilitar, dispensando qualquer forma de experiência, uma pronta e direta *generalização*.

[11] THN I, iii, 15, p. 173-4.

Esta é uma questão que no *Tratado* é bastante obscura – o princípio ou regra (termos que no caso se equivalem) parece ser e ao mesmo tempo não ser o mesmo nos dois textos. Ou então, se em ambos seu significado é o mesmo, como é possível ter usos tão diferentes? É natural o engano de J.P. Wright, que cita todos estes textos humeanos, e identifica a tal ponto as duas versões do princípio que supõe tratar-se também de "experimentos cruciais" no caso da "quarta regra".[12] Por outro lado, a *Investigação* não lança qualquer luz sobre o assunto, pois nela inexiste referência às oito regras metodológicas do *Tratado*. Ora só faz sentido falar de experimentos cruciais, ou algo equivalente, no caso da primeira versão da regra ou princípio, que tanto numa como na outra obra de Hume se destina a possibilitar experiências que, embora únicas, são decisivas, dando rápido acesso a novas conclusões. Mas não faz sentido falar de experimentos ou experiências de qualquer espécie no caso da mera generalização, feita imediatamente e sem derivar de qualquer nova experiência.

Quando uma relação de causalidade fica estabelecida a partir de uma experiência repetida, a operação indutiva realizada já inclui tacitamente aquela generalização, que é aplicada sempre que não há razões em contrário. No clássico exemplo humeano, a expectativa de que as bolas de bilhar continuem fazendo mover outras bolas de bilhar com as quais colidem, obviamente não se restringe aos movimentos futuros da bola ou bolas de que se teve experiência, mas abrange todos os movimentos atuais ou futuros de todos os objetos da mesma espécie.[13] E a generalização é feita imediatamente,

[12] Wright, J.P. *The Sceptical Realism of David Hume*. Minneapolis, University of Minnesota Press, 1983, p. 33.

[13] EHU IV, i, p. 29-30.

se logo se constata a inexistência de razões para dela nos abstermos. Faz parte das lições da experiência que depressa se aprenda a distinguir entre as classes de objetos que permitem a generalização e aquelas em que é mais racional limitar nossas expectativas aos objetos já conhecidos.

III

O princípio ou regra de Hume, em qualquer de suas versões, evoca a célebre segunda regra de Newton: "Aos mesmos efeitos naturais devemos, tanto quanto possível, atribuir as mesmas causas".[14] Regra newtoniana que se reveste de um caráter metodológico, como princípio do raciocínio científico. Esta é a redação adotada pelo autor na segunda edição de seus *Principia*. Na primeira edição essa regra era apresentada em termos diferentes, além de ser chamada, juntamente com as outras três, "hipótese", e não "regra": "Os efeitos naturais da mesma espécie têm as mesmas causas".[15] Compare-se também com outra versão de Hume, numa outra obra: "Efeitos idênticos derivam de causas idênticas".[16]

Não podemos aqui nos deter nas diferenças entre o cunho mais ontológico da primeira versão da regra newtoniana, em 1687, e o caráter mais metodológico da versão de 1713,

---

[14] Newton, I. *Mathematical Principles of Natural Philosophy*. Trad. de A. Motte. Berkeley, University of California Press, 1946, p. 398.

[15] *Idem. Princípios Matemáticos da Filosofia Natural*. Trad. de P.R. Mariconda. Col. "Os Pensadores". São Paulo, Nova Cultural, 1987, p. 166.

[16] Hume, D. *Dialogues concerning Natural Religion*. Ed. de Norman Kemp Smith. Indianápolis/Nova York, Bobbs-Merrill, 1947, VI, p. 170. Ou ainda: "Efeitos idênticos provam causas idênticas", V, p. 165.

ou na maior proximidade das de Hume em relação à primeira. Também ficaria fora do âmbito deste estudo examinar as diferenças entre as regras ou princípios do *Tratado*, com seu foco principal na predição de efeitos a partir de causas, e, por outro lado, tanto as máximas newtonianas como as dos *Diálogos*, todas voltadas para a atribuição de causas a efeitos. Limitemo-nos a registrar que há um conceito central comum a todas as formulações dos dois autores: que as mesmas causas produzem os mesmos efeitos e os mesmos efeitos derivam das mesmas causas.

Ambas as versões da regra newtoniana, apesar das diferenças que há entre elas, são equivalentes no fato de terem o mesmo alcance da segunda das versões humeanas: o da generalização imediata dos resultados das inferências, sem qualquer necessidade de um passo intermediário constituído por mais experiência, repetida ou singular. A regra newtoniana não se destina a possibilitar inferências do singular ou "experimentos cruciais", ao contrário do princípio humeano referido no *Tratado* em primeiro lugar.

Isso fica perfeitamente claro nos comentários tecidos por Newton a sua regra, dando exemplos de efeitos da mesma espécie que têm as mesmas causas: a respiração nos homens e nos animais, a queda dos corpos na Europa e na América, a reflexão da luz na Terra e nos outros planetas. Esses exemplos são os mesmos nas duas edições e nas mesmas páginas citadas, e claramente nada têm a ver com inferências a partir de experiências singulares. Trata-se de classes de fenômenos cujas causas foram estabelecidas pela ciência – e a partir daí basta identificar cada fenômeno como pertencente a essa classe para logo sabermos qual é sua causa. Cada um deles, uma vez identificado como membro de uma determinada classe de fenômenos, é imediatamente – como vimos Hume afirmar – abrangido por uma generalização já tacitamente legitimada desde a descoberta da causa comum dessa classe de fenômenos. Identificado um fenômeno, ou efeito, como um caso de queda dos corpos ou de respiração, imediatamente podemos concluir que sua causa é a mesma que já conhecemos como causa de outros fenômenos análogos.

IV

O princípio geral citado primeiro no *Tratado* de Hume é realmente o mesmo que a quarta das oito regras gerais do capítulo posterior – a regra "newtoniana". O segundo caso é talvez o mais claro, quer por ser mais direto, quer por ser mais conhecido através de Newton, quer por ser o mais comum nas obras de Hume: "De um corpo com cor e consistência idênticas às do pão esperamos idêntica nutrição e sustento".[17] Essas obras estão cheias de exemplos como este, onde os efeitos observados de um objeto são esperados no futuro, não só desse objeto, mas também de todos os similares. Mas não encontramos em Hume exemplos claros de indução a partir da experiência singular – embora a possibilidade desse tipo de indução seja, como vimos, explicitamente admitida. Além de estarem ausentes tais exemplos, também não há distinção nítida entre os casos em que o princípio "mesmas causas, mesmos efeitos" dá lugar a uma imediata generalização e aqueles em que serve de suporte a um raciocínio realizado a partir de uma experiência singular.

[17] EHU IV, ii, p. 37. Este exemplo é apresentado como uma aplicação de uma outra versão da regra newtoniana: "De causas que parecem similares esperamos efeitos similares" (p. 36).

O problema da indução a partir de um único caso interessou também a Stuart Mill, um século depois de Hume: "Quando um químico anuncia a existência e as propriedades de uma substância recentemente descoberta, se confiarmos em sua exatidão sentimo-nos seguros de que as conclusões a que chegou serão mantidas universalmente, embora a indução esteja fundada em um único exemplo". Segundo Mill, só se recorre à repetição para garantir que esta experiência foi bem feita, e é assim que se torna possível inferir uma lei geral da natureza a partir de uma experiência singular. E Mill chega a mostrar um certo fascínio por esta questão, bem como pelo contraste entre a certeza de algumas inferências do singular e a relativa incerteza de algumas induções por repetição, ao concluir entusiasticamente: "Por que razão um único exemplo, em alguns casos, é suficiente para uma indução completa, enquanto, em outros casos, miríades de exemplos coincidentes, sem uma única exceção conhecida ou suposta, avançam tão pouco no sentido de chegar a uma proposição universal? Quem quer que possa responder a esta questão sabe mais de filosofia da lógica do que o mais sábio dos antigos, e terá resolvido o problema da indução".[18]

Cabem aqui duas observações. A primeira é que Mill não parece ter consciência de que o problema da indução com um só exemplo já tinha sido formulado por Hume. A segunda é que a "solução" encaminhada pelo *Sistema da Lógica* passa pelo complexo aparelho da lógica indutiva, da indução eliminativa e dos métodos da investigação experimental. Mas o problema, na formulação humeana, também pode surgir

---

[18] Mill, J.S. *A System of Logic, Ratiocinative and Inductive.* Londres, Longmans, 1959, III, § 3, p. 205-6.

no plano da vida comum, como se vê na passagem citada no início deste estudo. Questões como a da diferença entre os casos de generalização direta e os de indução com um só exemplo devem ser passíveis de soluções menos ambiciosas e mais simples.

Para tentar esclarecer essa distinção, podemos começar por perguntar como se caracteriza a *classe* de fenômenos à qual o princípio ou regra se pode aplicar. Partamos do exemplo humeano do pão e da nutrição. Por que podemos nós proceder imediatamente a uma generalização, esperando nutrição de todos os pães sem distinção, e não precisamos de qualquer nova experiência, repetida ou apenas singular? É porque essa classe de objetos se compõe exclusivamente de exemplos *positivos*, de objetos que sempre e sem exceção se mostraram nutritivos. Não se trata aqui apenas da diferença entre conjunção constante e conjunção freqüente, diferença essa que em outros contextos tem a maior relevância para Hume.[19] Em termos humeanos, não há dúvida de que a conjunção, no caso em pauta, precisa ser constante para que possamos ter uma expectativa que não seja o que hoje chamaríamos uma expectativa "probabilística" ou "estatística". Mas pode ocorrer que essa conjunção constante – e este é o ponto fundamental – se verifique apenas em um dos *tipos* de objeto de uma determinada classe. Por exemplo, se a classe constituída pelos pães se dividisse em dois tipos, sendo os membros de um desses tipos sempre nutritivos e o outro não tendo nunca esse efeito, não mais bastaria constatarmos que um objeto é membro dessa classe de objetos para imediatamente lhe atribuirmos um poder nutritivo.

[19] EHU IV, p. 57 e ss.

Claro que na classe dos pães não há realmente essa divisão em dois tipos, um positivo e outro negativo – ou, e é o que importa, é isso que Hume supõe. Mas há outras classes de objetos que apresentam essa divisão, entre um tipo de subclasse apresentando essa característica positiva e outro tipo não a apresentando, ou seja, sendo "negativo" quanto ao efeito em questão. Tomemos por exemplo a classe dos metais, que se divide em diversas subclasses – ouro, ferro, alumínio, etc. –, e experimentemos riscar vários fragmentos de algumas dezenas de metais com um outro mineral ainda desconhecido, que por hipótese não sabemos se será ou não capaz de riscar algum desses fragmentos de metal. Se ao final de uma série de experiências suficientemente longa, repetida e variada, tivermos constatado que esse mineral risca uma dezena de metais, *sempre*, enquanto a outra dezena não risca *nunca*, teremos reunido, para qualquer experiência futura no mesmo campo, as condições *suficientes* para que um experimento singular, sem necessidade de repetição, conduza a uma nova descoberta e permita uma conclusão indutiva – ao mesmo tempo que estaremos numa situação em que essa experiência se torna *necessária*.

Necessária, porque se acharmos alguns exemplares de uma nova subclasse ou espécie de metal, e quisermos saber se os membros dessa nova subclasse vão ser riscados pelo nosso mineral, estaremos numa situação cognitiva muito diferente de se acharmos alguns exemplares de uma nova espécie de pão. Neste último caso não temos qualquer razão para hesitar em aplicar a regra newtoniana, generalizando imediatamente os conhecimentos que temos acerca dessa classe de objetos de maneira a abranger o novo achado, juntamente com todos os outros membros dessa mesma subclasse que venhamos a achar no futuro. Para nós a classe dos pães compõe-se de subclasses que podem ter muitos aspectos diferentes entre si, sendo inclusive uns mais nutritivos do que outros, mas, acertadamente ou não, acreditamos que todas essas subclasses são de fato alimentícias – ou seja, pertencem todas ao mesmo tipo positivo. Não havendo razão para admitir a hipótese negativa, isto é, para supor que existem pães não nutritivos, nossa generalização é feita prontamente. Mas, quanto à nova espécie de metal, não sabemos se pertence ao tipo positivo ou ao tipo negativo – e precisamos da experiência para decidir.

A experiência torna-se aqui necessária – mas é *suficiente* realizá-la uma só vez. Porque nossa decisão, antes disso, já se encontra circunscrita a apenas duas hipóteses, duas possibilidades, se tivermos aprendido a lição indutiva das experiências (essas, repetidas) que fizemos com exemplares das diversas subclasses ou espécies conhecidas da classe dos metais. Uma das coisas que teremos aprendido é que nessa classe todos os objetos, de qualquer subclasse, pertencem a um de dois tipos: o positivo ou o negativo. Ou seja, que não existe – é o que supomos – qualquer metal que se comporte *irregularmente* perante nossas tentativas de riscá-lo, ou seja, não há subclasse cujos membros umas vezes se deixem riscar e outras não. Ora, para escolher apenas entre a hipótese negativa e a positiva, excluída que ficou a hipótese da irregularidade, não há qualquer razão para proceder ainda a experiências repetidas. Basta uma só vez, porque se esse fragmento de um novo metal puder ser riscado é porque pertence ao tipo positivo, pois obviamente ficou excluída a possibilidade de ele pertencer ao tipo negativo. Ou seja, de algum modo foram postas de lado as "circunstâncias estranhas e supérfluas". A primeira hipótese foi a única que restou, por exclusão de partes, e por isso seria destituído de sentido exigir ainda que ela fosse confirmada por repetidas experiências.

Hume tinha razão ao afirmar que a inferência feita a partir de um caso único se opera pela aplicação do princípio "mesma causa, mesmo efeito". Mas não estabeleceu distinção entre este caso e o da simples e imediata generalização a partir do mesmo princípio. Nem acrescentou, como agora podemos fazer, que um experimento fica "livre de circunstâncias estranhas", de modo que conduza isoladamente a uma conclusão indutiva, sem necessitar da repetição, quando a classe sob investigação se divide da maneira agora indicada, tornando possível a decisão crucial entre apenas duas possibilidades. Uma decisão que sem dúvida é obtida por *dedução* a partir de algumas premissas – mas é igualmente claro que estas últimas só poderiam ser obtidas a partir da experiência repetida, por indução enumerativa. E é aqui indiferente que se tenha chegado a essa situação através de um criterioso trabalho de investigação experimental, ou que a natureza já assim espontaneamente se nos apresente.

Mas em que casos a experiência singular deixa de ser suficiente para uma conclusão indutiva? Se supusermos agora que o objeto de nossa interrogação é por exemplo um certo animal, ou uma certa espécie animal, e que o fenômeno a investigar é a reação desse animal ou espécie a um determinado ruído, é evidente que se nos limitarmos a examinar o animal nada poderemos concluir. Mas também não será suficiente proceder a uma experiência singular, produzindo uma só vez esse ruído e observando o comportamento daí resultante. Porque a classe "reações de animais a ruídos" nem é uniforme nem se divide apenas em dois tipos de subclasses: divide-se em *três*. Além dos casos negativos (os que nunca fogem ao ouvir esse ruído), há pelo menos um terceiro tipo: o dos que umas vezes fogem desse ruído e outras não, ou seja, "fenômenos irregulares", ou regulares mas apenas "estatísticos", "freqüenciais" ou "probabilísticos" – no máximo. Portanto essa classe de fenômenos não permite que uma experiência singular decida o problema, levando a uma conclusão indutiva. Mas se pudermos submeter o animal a uma experiência que, além de controlada e cuidadosa, seja repetida um número suficiente de vezes, haverá um momento a partir do qual poderemos considerar irracional continuar hesitando, se o comportamento dele for, sempre e em todos os casos, de fuga ao ouvir o ruído, e a partir do qual decidiremos reconhecer a conclusão indutiva que se impõe: que no futuro esse animal, ou essa espécie de animal, fugirá sempre ao receber esse estímulo. Da mesma causa esperaremos o mesmo efeito.

V

Esta análise de modo algum se pretende exaustiva do problema. Certamente que para a solução deste ponto de interpretação de Hume poderão ser construídos modelos diferentes do "modelo tripartido" aqui proposto – com um tipo "positivo", um tipo "negativo" e um tipo "irregular", como únicos tipos constitutivos de uma classe sob exame, quanto aos problemas do recurso à experiência repetida ou singular para chegar a conclusões indutivas. O objetivo da presente análise consiste apenas em contrastar o caso em que é possível e legítima a inferência tirada da experiência singular com outros dois casos nítidos: aquele em que ela ainda não é necessária, que é a classe uniforme de fenômenos, e aquele em que ela já não é suficiente, que é a classe tripartida. O primeiro caso pareceu-nos particularmente interessante, por ser aquele a que realmente pode ser referida a segunda formulação da regra newtoniana no *Tratado* humeano, em contraste com uma primeira formulação aplicada pelo filósofo ao problema da experiência singular.

Não há qualquer ambigüidade no *Tratado* quanto à necessidade dessa regra, como uma das condições de possibilidade das inferências a partir de experiências singulares. Onde a ambigüidade se instala é no fato de a mesma regra ser também aquela que preside à simples aplicação de generalizações, sem qualquer nova experiência. Podemos agora admitir que essa regra efetivamente preside aos dois tipos de operação, o primeiro nos casos em que a classe de fenômenos é uniforme e o segundo nos casos em que essa classe é "bipartida", contendo apenas um tipo positivo e um tipo negativo de subclasse.

Esse argumento pode ser usado para esclarecer uma outra passagem de Hume. Na *Investigação* aparece o seguinte exemplo, imediatamente antes da conclusão quanto ao problema da indução:

> "Depois de uma criança experimentar uma sensação de dor ao tocar na chama de uma vela, passará a ter o cuidado de nunca mais pôr a mão perto de qualquer vela; pois esperará um efeito similar de uma causa que é similar em sua aparência e qualidades sensíveis".[20]

Este é um texto que pode ser analisado sob vários aspectos, mas a interpretação que parece se impor é aquela que vê aqui um exemplo de inferência a partir de uma experiência singular. Está implícito que se trata da primeira vez que essa criança põe a mão na chama de uma vela – e a conclusão é tirada a partir de uma só experiência. Num caso como este, supor a necessidade de repetir a experiência ficaria até tingido de ridículo... Mas nada permite concluir que é o caráter

---

[20] EHU IV, ii, p. 39.

traumático dessa experiência que leva à conclusão indutiva. Não se trata de evitar um perigo, trata-se de uma expectativa gerada por inferência indutiva, como se vê na segunda parte do texto.[21] Mas Hume não esclarece como neste caso se prescinde daquela experiência repetida que nessa mesma obra, e nas páginas seguintes, nos vai apresentar como fundamental para o raciocínio indutivo.

Se aplicarmos a este caso o nosso modelo, poderemos concluir que o que torna possível a inferência acerca da vela é a aplicação da regra newtoniana a um caso em que a simples observação não podia revelar a uma criança, ainda sem qualquer experiência dos perigos das chamas, que aquele objeto colorido e brilhante lhe iria causar dor, e que ao mesmo tempo a classe de fenômenos relevante se prestava à aplicação dessa regra, só com a ajuda de uma experiência singular, sem necessidade de repetição. Que classe de fenômenos? Só pode ser um conjunto mais amplo do que o das velas e das chamas – uma classe da qual estas possam ser, face à experiência passada dessa criança, encaradas como casos particulares.

Essa classe pode ser algo como os "objetos tocados" que povoaram essa experiência. É de supor que a criança tenha tocado vários objetos, e que a classe constituída por estes últimos inclua um tipo formado por aqueles que não produziram qualquer dor (o tipo negativo) e um tipo formado por aqueles que produziram alguma espécie de dor. Se supuser-

---

[21] Não se lhe aplicariam, por exemplo, comentários como este feito por Flew em outro contexto: "Gato escaldado de água fria tem medo *('Once bitten, twice shy')*. Uma só experiência realmente traumática é aparentemente suficiente para formar um ansioso hábito de expectativa" (Flew, A. *Hume's Philosophy of Belief.* Londres, Routledge & Kegan Paul, 1961, p. 95).

mos também que não existe nesse caso, ou que não foi considerado, qualquer outro tipo de fenômeno do gênero "objeto tocado", podemos considerar o exemplo humeano como um caso de inferência do singular, tornado possível pelo fato de a classe relevante de fenômenos se dividir em apenas dois tipos, conforme o modelo aqui analisado.

A partir dessa "base empírica", constituída, sem dúvida, por experiências repetidas, basta uma operação elementar e quase automática para chegar a uma conclusão indutiva baseada nessa única e singular experiência. Se a chama causa dor é porque obviamente não pertence ao tipo negativo. Logo pertence ao tipo positivo, cujos membros causam sempre dor. De onde se segue, agora dedutivamente, que a chama que uma vez causou dor vai sempre continuar fazendo isso a quem a tocar. Esta chama e, por generalização, todos os objetos da mesma espécie, todas as chamas – nunca mais essa criança se chegará a uma vela acesa. Assim, não é indispensável que uma expectativa como essa, mesmo sob a forma extremamente geral expressa na proposição "todo fogo causa dor", se constitua a partir da experiência repetida.

VI

O problema da indução com um só exemplo e do papel da experiência singular no conhecimento foi objeto de variadas interpretações durante os séculos XVIII e XIX. Em nosso século, Nicod e Lalande[22] deram-lhe soluções que pos-

---

[22] Nicod, J. *Le Problème Logique de l'Induction*. Paris, Alcan, 1924; Lalande, A. *Les Théories de l'Induction et de l'Expérimentation*. Paris, Boivin, 1929.

sivelmente deveriam ser diretamente referidas à filosofia de David Hume – mas não é aqui o lugar para desenvolver esse tema, pois para tal seria necessário todo um outro estudo. Os nossos limites terão que ser aqui os da análise interna dessa filosofia e da discussão do alcance que lhe pode ser atribuído.

Uma conseqüência desse aspecto da filosofia humeana da indução é que o papel da repetição em *cada* sujeito, em cada história individual de aquisição de conhecimentos acerca do mundo real, aparece como inteiramente *contingente*. Ou seja, não é necessário que as inferências indutivas concretas, feitas por cada indivíduo concreto, derivem de experiências repetidas de modo predominante, e muito menos exclusivo, no decurso de sua existência como sujeito cognoscente. Em princípio, bastariam algumas induções enumerativas de caráter muito geral para constituir uma estrutura fundamental, um "esquema do mundo" formado por proposições acerca de grandes classes de fenômenos, estrutura que iria sendo completada com o recurso a experiências singulares, apenas com ocasional e escasso recurso a experiências repetidas.[23] Esta foi uma conseqüência que Hume não tirou das premissas contidas em sua filosofia. Mas julgo estar claro agora que ela poderia ser tirada – e, não sem ironia, dedutivamente.

---

[23] Em que medida essas induções seriam exteriores à epistemologia humeana é explicado no ensaio 5.

4

CAUSAÇÃO HUMEANA E PERSPECTIVISMO

Que o conhecimento humano é perspectivo, ou perspectivístico, ou seja, que nossas representações do mundo não o apresentam tal como é, nem constituem formas de apreensão das coisas em si mesmas, e que nenhuma das perspectivas nas quais se organizam nossos conceitos respeitantes ao mundo pode ser considerada portadora de uma verdade definitivamente superior à das outras, são teses comuns a muitas filosofias contemporâneas. E são-no com nitidez suficiente para permitir falar da presença, no espaço da epistemologia geral, ou teoria do conhecimento, de uma atitude filosófica única chamada "perspectivismo". Mas não é menos nítido que podemos ser perspectivistas de variadas maneiras.

António Marques[1] aponta a origem nietzscheana do termo, ao mesmo tempo que indica as raízes mais fundas do perspectivismo em Hume e Kant (p. 10-1), os quais, como

[1] Marques, A. *Perspectivismo e Modernidade (O valor construtivo e crítico do perspectivismo de Nietzsche).* Lisboa, Vega, 1993.

críticos tanto do realismo tradicional como do essencialismo racionalista-empirista, de Descartes ou Locke, produziram um corte radical ao qual o segundo daqueles filósofos chamou uma "revolução copernicana". Analogia que se justificava pela transferência que aí se operava, invertendo o centramento da atenção filosófica, deslocada da essência das coisas para a estrutura do sujeito. Por outro lado, A. Marques nos convida a rejeitar as versões mais extremadas do perspectivismo, como as que reduzem toda e qualquer perspectiva à expressão de uma forma sofisticada de retórica, de forma a podermos admitir um "espaço interperspectivístico" (p. 48), concebido enquanto partilhando certos "princípios comensuráveis" (p. 44) aceites por todas as perspectivas. Portanto um perspectivismo moderado ou, se cedermos por momentos a uma nostalgia setecentista, "mitigado".[2]

Há exemplos de outros perspectivismos igualmente distantes de qualquer radicalismo, como o de Ernest Sosa[3] que, embora recuse, por exemplo, atribuir à percepção e a nossas outras "virtudes intelectuais" a dignidade de "fontes fundamentais de justificação", ainda assim as considera "fontes confiáveis de verdade, ou convicção verdadeira" (p. 97, 207; sobre "perspectivismo epistémico": p. 280-1). Trata-se portanto de um perspectivismo empenhado em reatar laços fundamentais com seus predecessores clássicos, e que não pretende se confundir com qualquer novo ceticismo ou com um qualquer relativismo cultural.

---

[2] David Hume propõe um "ceticismo mitigado" em sua *Enquiry concerning Human Understanding* (EHU), XII, iii.

[3] Sosa, E. *Knowledge in Perspective*. Cambridge, Cambridge University Press, 1991.

Quando Hume inverteu a direção do inquérito epistemológico, voltando o olhar filosófico para o próprio sujeito, foi para dar início a um trabalho de descoberta de estruturas cognitivas, incluídas no que considerava serem os princípios da natureza humana.[4] É um projeto fiel ao propalado anti-essencialismo do filósofo, para o qual "a essência do espírito nos é tão desconhecida como a dos corpos exteriores",[5] e esses princípios, embora também sejam chamados "poderes ou faculdades", são fundamentalmente o que hoje chamaríamos *disposições*, como o hábito e a associação, que são próprias do homem e neste tornam possível a organização da experiência e uma eficaz apreensão do mundo. Essas disposições estão longe de serem essências: todos os poderes naturais, no homem e no mundo, têm por detrás mecanismos secretos, consistindo "na fábrica e estrutura peculiar das partes diminutas" de nossos próprios corpos e dos objetos do mundo exterior,[6] e a descoberta das referidas disposições é sem dúvida uma conquista bem superficial. Quanto aos mecanismos essenciais, é imperativo reconhecer sua irremediável incognoscibilidade.

Mas com essa conquista temos de nos contentar, dados os estreitos limites do entendimento humano. Através dessa descoberta, Hume faz explodir o mito da razão como fonte exclusiva do conhecimento, pois um dos princípios postulados por sua filosofia é simplesmente uma disposição para descobrir, a partir da repetição de conjunções observadas,

---

[4] Hume, D. *A Treatise of Human Nature* (THN). Ed. de L.A. Selby-Bigge. Oxford, Clarendon Press, 1958, p. xx.

[5] THN, p. xxi.

[6] *The Natural History of Religion*, III.

algumas das mais relevantes regularidades da natureza. Não é a clássica razão "demonstrativa" do velho sonho cartesiano, assim, que nos torna capazes de predição, de prever os fenômenos naturais em certas circunstâncias, mas uma simples disposição de cuja essência ou mecanismo subjacente nada se sabe. No entanto, a existência desta disposição é algo que temos de aceitar, por ser a única conjectura capaz de explicar muitos dos actos cognitivos que efetivamente realizamos.[7]

É de notar que a inferência causal, em Hume explicada pela disposição algo metaforicamente chamada "costume ou hábito", é por sua vez um instrumento de descoberta, e descoberta de nada mais, mas também de nada menos, do que toda uma série de *disposições da natureza*, considerada esta nos termos mais gerais. Se os poderes da natureza humana são disposições, também o são os poderes da natureza física revelados por nossas humanas e limitadas, mas freqüentemente acertadas inferências. Nossa limitada disposição para extrair conclusões causais e predições da experiência repetida é uma autêntica capacidade cognitiva, embora quase nada nos revele do muito que a curiosidade humana desejaria descobrir acerca da natureza das coisas. E é uma capacidade para estabelecer, embora nunca de maneira infalível, quais são as numerosas disposições dos objetos do mundo exterior cuja previsão é importante para a sobrevivência de nossa espécie.

Ora o espaço onde se operam todas as inferências desta ordem, que são apenas operações "minimalistas" de descoberta das disposições das coisas deste mundo e de previsão de algumas de suas regularidades, é inequivocamente um espaço interperspectivo, ou, mais precisamente, transperspectivo. Porque nesse plano não se trata ainda da plena constituição

---

[7] EHU V, i.

ou construção de objetos, e sim do exercício de uma capacidade de previsão de ocorrências reais que é autônoma em relação a qualquer genuíno ato de conhecimento *dos objetos*, enquanto tais e em sentido pleno. Este minimalismo da epistemologia humeana da causalidade nos permite até imaginar um David Hume hipotético, dotado de mágica presciência e que, sabendo que no século seguinte iria ser escrita a famosa frase nietzscheana "a natureza nos encerrou neste recinto e jogou fora a chave", teria exclamado: "Sim, mas nos deu capacidades para, mesmo tateando no escuro e na ignorância, predizermos muitas de suas ocorrências!" Hume nunca escreveu frases como esta, mas escreveu esta outra, explicitando o significado e o alcance de nossos conhecimentos causais: "Aqui temos, pois, uma espécie de harmonia pré-estabelecida entre o curso da natureza e a sucessão de nossas idéias; pois embora os poderes e forças pelos quais aquele é governado nos seja inteiramente desconhecido, mesmo assim nossos pensamentos e concepções têm seguido, conforme constatamos, o mesmo caminho que as outras obras da natureza".[8]

Falar de um tatear na escuridão, tal como no caso da metafórica chave nietzscheana, se situa no plano da retórica, mas seu referente, a descoberta causal tal como é apresentada pela epistemologia humeana, só pode ser concebido como pré-retórico e pré-perspectivístico. Sem dúvida o verdadeiro conhecimento das coisas está fora de nosso alcance, já para Hume muito limitado: os atributos ou qualidades das coisas, mesmo os mais "primários", estão reduzidos ao mesmo humilde estatuto atribuído já por Galileu às qualidades secundárias, como as cores e os perfumes, o de "representações" que nada realmente representam a não ser o impacto do real so-

[8] EHU V, ii.

bre nossa subjectividade, revelando alguma coisa acerca desta última, mas nada diretamente acerca do mundo lá fora.[9] Podemos até aceitar aqui que se fale de "alegoria" a propósito de Hume, e de alegoria platônica, a da Caverna da República: o veredito filosófico de Hume sobre a humana condição cognitiva pode ser tomado, pelo menos retoricamente, como que andamos por este mundo sem nunca vermos mais do que sombras, ou fenômenos. E estamos muito longe de poder contemplar as Idéias – nossas terrenas e minúsculas idéias copiam toscamente as impressões de sensação, e não podemos ir além da experiência que estas nos oferecem. Mas tudo se passa como se fizesse parte de nossa herança natural o poder de extrair da experiência das sombras de uma certa espécie que se seguem regularmente a outras de outra espécie, um poder que nos permite sobreviver, aprendendo a evitar os perigos, muito reais e letais, que por trás de muitas das sombras se escondem.

Nietzsche sem dúvida recusa "um critério metafísico realista de verdade",[10] mas não há em sua filosofia, ou em seu perspectivismo, nada que possa equivaler a uma rejeição desse "realismo causal mínimo" cuja presença na filosofia humeana podemos detectar. A presença em Nietzsche de um problema acerca da hierarquia de perspectivas indica a tácita assunção desse mínimo. Na interpretação de A. Marques, para Nietzsche "uma descrição de um estado de coisas pode ser verdadeira, ao selecionar alguns elementos como representantes da descrição desse estado de coisas, mas a colocação em outra perspectiva poderá originar uma descrição do 'mesmo' estado de coisas mais completa" (p. 99). Ora não pode haver

---

[9] EHU XII, i.

[10] Marques, A. *op. cit.*, p. 98.

perspectivas de validade cognitiva mais fortes do que outras (p. 100) ou com "mais valia cognitiva" (p. 40) se não houver pelo menos um grau mínimo de validade, mesmo nas perspectivas "inferiores". Tal grau mínimo é uma validade partilhada por várias perspectivas, e portanto é um elemento pelo menos interperspectivo, ou melhor, pré-perspectivo. O esquema causal humeano corresponde a uma das formas possíveis dessa validade mínima.

Porque a causalidade humeana parte apenas da constatação de conjunções repetidas, e a constatação de que há repetição assenta simplesmente na similaridade dos objetos observados, não na convicção de que as qualidades sensíveis que se oferecem à observação representam corretamente, e muito menos verdadeiramente, as coisas percebidas. "A natureza nos mantém a grande distância de todos os seus segredos, e só nos ofereceu o conhecimento de umas tantas qualidades superficiais", escreve Hume, mas acrescentando que em nossas inferências causais concluimos que a qualidades similares correspondem poderes e disposições similares.[11] Isto é, há uma autonomia do raciocínio causal, na medida em que o efeito não aparece nem está contido na causa,[12] e sua legitimidade, tanto como suas limitações, em nada depende de nossos juízos acerca do valor das qualidades dos objetos, como representantes, verdadeiros ou não, das coisas em si mesmas. O esquema causal humeano poderia até permitir a qualquer dos prisioneiros da Caverna platônica prever o aparecimento de sombras com um certo contorno X após cada aparecimento de sombras com um outro contorno Y, após experiência de uma suficiente repetição dessa sucessão...

---

[11] EHU IV, i.

[12] Ver meu *Hume e a Epistemologia.* Lisboa, Imprensa Nacional, 1984.

A similaridade, que sem dúvida é indispensável para que a partir de simples juízos de conjunção se passe a juízos de repetição, é também autônoma, tal como a primeira espécie de juízo, em relação a uma constituição ou construção de objetos propriamente dita, pois ela deriva de disposições humanas que, tal como a própria disposição para derivar inferências de repetições, nada dizem sobre a natureza das coisas cuja presença é constatada. Hoje isso adquire maior clareza, depois de Quine ter apontado "a irracionalidade bruta de nosso sentido de similaridade",[13] que deriva de disposições ou mecanismos inatos com uma função de sobrevivência, e por isso explicáveis à luz da teoria darwiniana da evolução por seleção natural, sem que a formulação quineana abra qualquer porta para uma plena constituição de objetos a esse nível. As espécies naturais de que dispomos a partir de nosso sentido inato de similaridade apenas indicam o que está ou não está se repetindo (p. 117), permitindo a inferência ("causal" em Hume, "indutiva" em sua posteridade, incluindo Quine) a partir de juízos de repetição que estão muito longe de poder ser identificados como juízos ou "perspectivas" sobre a natureza das coisas. O que efetivamente pode assim ser considerado é apenas a afirmação do próprio Quine, de que "nossos padrões inatos de similaridade perceptual mostram uma gratificante tendência para ir ao correr do pêlo da natureza",[14] ou seja, para se adaptarem ao mundo em que vivemos, favorecendo as inferências mais acertadas. Mas isto é uma *teoria* quineana (tal como a de Darwin que a inspira),

---

[13] Quine, W. *Ontological Relativity.* Nova York, Columbia University Press, 1969, p. 125.

[14] *Idem. The Roots of Reference.* La Salle, Open Court, 1973, p. 19.

portanto, e eminentemente, peça de uma *perspectiva*. Esta é uma perspectiva teórica, mas podemos falar também de perspectivas pré-teóricas, se pensarmos por exemplo no estatuto que tem em Quine a "doutrina" dos corpos de senso comum, esses supostos existentes dotados de qualidades intrínsecas.[15] Mas nossos padrões inatos não ditam imediatamente qualquer perspectiva, embora a partir deles várias delas se possam constituir. Eles fazem parte, apenas, do solo originário, e condição *sine qua non*, de todas as perspectivas possíveis.

Dado que para Nietzsche, tal como para Quine, Hume e muitos outros, as predições mais básicas realizadas pela nossa espécie têm regularmente a conseqüência de contribuir para a preservação de cada um de nós e da própria espécie, é impossível para os próprios nietzscheanos defenderem um perspectivismo mais do que mitigado, ou moderado. De modo algum é admissível que se insista num indiscriminado "tudo é interpretação", como demasiadas vezes se faz ao comentar Nietzsche, neste caso da causalidade humeana ou básica, como se afirmar que todas as perspectivas se equivalem fosse minimamente fiel ao espírito ou à letra da filosofia nietzscheana. Mesmo nesta, nem tudo é interpretação, nem tudo é retórica. É portanto com razão que A. Marques insiste na importância da diferença de valor, na "mais valia" de algumas perspectivas em relação às outras.

Mas é importante acrescentar que o espaço que a partir daí se abre deve ser concebido como um espaço autenticamente transperspectivo, pois tem um estatuto pré-perspectivo, e não apenas interperspectivo e "definido por teses em

---

[15] Quine, W. *The Ways of Paradox*. Cambridge, Ma., Harvard University Press, 1979, p. 250.

conflito" (p. 44). Nem tudo no mundo deriva do conflito; na natureza, ou pelo menos na natureza de nossa moderna perspectiva, que de um modo ou de outro, e em maior ou menor grau, é eminentemente darwiniana, é muito o que deriva, não do conflito (como a importância da *struggle for life* spenceriana poderia sugerir), mas da *adaptação*, como resposta a pressões seletivas, a todos os níveis. Incluindo o da formação de nossa racionalidade – como é ainda Quine quem nos diz.[16]

Uma outra razão devido à qual a crítica nietzscheana da causalidade não atinge a causalidade humeana, e implicitamente a consagra, é que o conceito desta última, como conceito minimalista, é alheio à questão da *necessidade*, ou a qualquer aspecto da "metafísica da causalidade". É certo que Hume pretende cultivar a "verdadeira metafísica",[17] que consiste na explicitação dos "fundamentos pré-teóricos de todo pensamento e ação",[18] mas nela nada se inclui que equivalha a uma afirmação da necessidade física, ou de outra necessidade além da necessidade lógica. O que Nietzsche rejeita é a necessidade causal, não a causalidade humeana, que corresponde a um dos traços positivos que A. Marques atribui a sua teoria do conhecimento: a admissão de uma certa "capacidade de antecipação e controle das representações" (p. 43). Se esta antecipação e este controle são possíveis, é porque dispomos de capacidades, é porque temos disposições capazes de proceder às correspondentes operações cognitivas: uma dis-

---

[16] Quine, W. *Ontological Relativity*, p. 126 e ss.

[17] EHU I.

[18] Cf. Capaldi, N. "The Dogmatic Slumber of Hume Scholarship". In: *Hume Studies*, vol. XVIII, n. 2, 1992, p. 123.

posição, como vimos, para identificar as disposições das coisas, é certo que como que tateando no escuro, na medida em que nada de profundo conhecemos das coisas, na medida em que sua verdade nos é totalmente inacessível; mas nossos pobres tateios constituem um conhecimento causal acerca do mundo que é fundamentalmente confiável, embora de modo algum possa ser considerado infalível.

Quando Hume diz que "o contrário de cada questão de fato é sempre possível",[19] ele aponta a situação de um enunciado cuja negação não implica contradição, mas essa possibilidade de não ocorrência de uma regularidade prevista por uma inferência causal aparece como possibilidade *real*, e não apenas lógica, assim que se torna clara a recusa humeana da necessidade física.[20] Hume não ampliou esse tema, mas tudo se passa como se para ele os sistemas causais fossem "necessários internamente", mas não externamente. A ação causal pode possuir um caráter necessário dentro de um sistema causal, mas nada pode garantir que cada um desses sistemas seja *fechado*, no sentido de nunca se abrir para a intervenção de uma causalidade exterior ao sistema.

Georg von Wright chamou "sistema fechado" a qualquer sistema causal, ou qualquer cadeia de estados sucessivos, que não se sujeita a influências causais exteriores ao sistema.[21] Trata-se de uma abstração, de um instrumento para o que este autor chama "análise causal" (p. 55). Nada disto é explícito na filosofia de Hume, sem dúvida, mas tudo se passa como

---

[19] EHU IV, i.

[20] EHU VII, ii; THN I, iii, 14.

[21] Wright, G. von. *Explanation and Understanding*. Ithaca, Cornell University Press, 1971, p. 54.

se para este filósofo a necessidade só pudesse ser postulada para sistemas causais fechados – ao mesmo tempo que a suposição de que qualquer sistema causal real possui esse caráter fechado é daquelas que a filosofia humeana situa muito além de toda metafísica possível. Há boas razões para negar que Hume seja um cético em relação à inferência causal, mas há igualmente boas razões para sugerir que sua filosofia adota um nítido ceticismo em relação à necessidade causal. Não quanto à existência desta última, cuja negação seria também problemática, mas quanto à legitimidade de qualquer pretensão de conhecê-la em casos concretos, e de apontá-la com qualquer grau de segurança. E Hume talvez tivesse subscrito uma afirmação de outra obra de von Wright: "o passado, ao contrário do futuro, está onticamente fechado".[22] Para estes autores, como para Nietzsche, o futuro está aberto, o determinismo é uma teoria metafísica implausível, e nossas inferências não estritamente lógicas nunca podem aspirar a um estatuto de necessidade. Nenhum sistema causal real pode com certeza absoluta ser considerado um sistema fechado, como aqueles que podemos retrospectivamente contemplar, olhando para o passado.

A crítica humeana da necessidade conduz a uma concepção da causalidade na qual tudo se passa como se jamais um sistema causal pudesse ser considerado fechado, no sentido agora indicado. A crítica nietzscheana da causalidade está em implícita continuidade com as descobertas humeanas de um século antes, sem nada de equivalente a uma recusa do esquema fundamental da causalidade humeana, ou daquele

---

[22] Wright, G. von. *Causality and Determinism*. Nova York, Columbia University Press, 1974, p. 24.

mínimo de realismo que é desta o inseparável ponto de partida.[23] Assim, o perspectivismo nietzscheano só pode ser um perspectivismo mitigado – abrangendo apenas os juízos humanos acerca das qualidades dos objetos e, *a fortiori*, acerca da natureza, ou da essência, das coisas que na humana escuridão atrás deles se escondem. É um perspectivismo que só pode, até, adquirir sentido se colocado contra um pano de fundo minimamente realista – ou de um realismo "minimalista" – que não se confunde com um realismo de qualidades, e muito menos de essências. Se em Nietzsche, ou num certo Nietzsche, segundo a interpretação de M. Clark evocada por A. Marques (p. 44) há uma metafísica realista, esta não consiste apenas na aceitação da coisa em si kantiana, pois admite também que entre as coisas se estabelecem relações regularmente repetidas, numa relativa uniformidade, revelando disposições naturais que algumas de nossas próprias disposições são por sua vez capazes de apreender e antecipar, como que através do nevoeiro de nossa incapacidade de ir mais longe e de ver mais claro.

É amplamente sabido que a crítica nietzscheana do entendimento, ou intelecto humano, desmistifica a identificação deste com uma faculdade racional portadora de verdade, e pelo contrário o apresenta como uma "fonte de erros". Um dos vários textos onde Nietzsche defende essa teoria (um outro é o *Philosophenbuch*, III) é o aforismo 110 da *Gaia Ciência*: "O intelecto, durante enormes intervalos de tempo, engendrou apenas erros; alguns deles se revelaram úteis e apropriados à conservação da espécie; quem os adotasse ou

---

[23] Cf. Strawson, G. *The Secret Connexion*. Oxford, Clarendon Press, 1989, p. 228.

herdasse seria capaz de travar combate com maior possibilidade de vitória para si e sua posteridade". Ora se entre esses "erros" o mesmo aforismo inclui a crença na existência de coisas duráveis e idênticas, e também que as coisas são o que parecem ser, e que a vontade é livre, tal teoria filosófica só tem sentido como crítica das concepções *plenas* e completas do senso comum, com sua crença na existência de coisas idênticas às suas percepções, e das filosofias que o aceitam acriticamente neste ponto. A filosofia nietzscheana não pode ter sentido algum se entendida como negação, ou mesmo como *skepsis*, da existência de coisas em geral, de relações regulares entre elas e da possibilidade de anteciparmos essas regularidades e disposições das coisas por obra de algumas de nossas próprias disposições. Se assim fosse, a própria idéia de que alguma das disposições de uma espécie pode ter valor de sobrevivência para a mesma espécie, idéia que obviamente aponta para uma relação causal, naquele sentido mínimo que é o de Hume, entre essa disposição, capacidade ou poder de previsão e o fato da sobrevivência de alguns membros dessa espécie, seria uma idéia destituída de sentido. Esse conhecimento causal mínimo não é a posse da verdade, ou apenas a de uma "verdade" em sentido pragmático, como em William James e muitos outros – mas de qualquer modo ele estabelece um núcleo epistêmico básico cujo reconhecimento filosófico, embora em Nietzsche seja relativamente obscuro, constitui o fundamento de um perspectivismo coerente e realmente digno desse nome, que não se confunde com um primário ceticismo ou um estéril relativismo.

5

RUSSELL E AS INFERÊNCIAS HUMEANAS

I

Em *Os Problemas da Filosofia*, Bertrand Russell apresenta uma concepção da indução clara e fortemente inspirada na epistemologia de David Hume.[1] A "repetição freqüente" e o "hábito" são para Russell, nessa sua obra, as origens de nossas expectativas de que, no futuro, ocorram as mesmas sucessões ou coexistências uniformes de que tivemos experiência no passado – o que constitui como que um eco da seção V da humeana *Investigação sobre o Entendimento Humano,*[2] ou da parte iii do livro I dessa obra de juventude que foi o *Tratado da Natureza Humana.*[3] E em seu *Esboço da Filo-*

---

[1] Russell, B. *The Problems of Philosophy*. Londres, Williams and Norgate, 1912, p. 96 e ss.

[2] Hume, D. *An Enquiry concerning Human Understanding* (EHU). Ed. de Tom L. Beauchamp. Oxford, Oxford University Press, 1999.

[3] *Idem. A Treatise of Human Nature* (THN). Ed. de David Fate Norton & Mary J. Norton. Oxford, Oxford University Press, 2000.

sofia Russell inclui um capítulo com o título de "A inferência como hábito", onde também aceita a mesma divisão entre duas espécies de inferência, "uma tipificada pela indução, a outra pelo raciocínio matemático",[4] que encontramos na famosa distinção humeana entre inferências acerca de "questões de fato" e inferências acerca de "relações de idéias" (EHU 4.1.1 e 2, p. 108).

Russell não foi o primeiro a atribuir a Hume a descoberta do famoso "problema da indução",[5] mas foi sem dúvida o mais importante filósofo do século XX a fazê-lo – seguido, como se sabe, de uma multidão de outros filósofos e historiadores da filosofia. No entanto, já por várias vezes foi assinalado que o uso do termo "indução" é extremamente escasso em toda a obra de Hume. Mais relevante do que isto, entretanto, é que sua teoria é uma tentativa de oferecer uma explicação apenas e estritamente das inferências *causais*, e não uma tentativa de dar conta das inferências indutivas em geral. Muitos dos exemplos de inferências indutivas que aparecem em obras dedicadas a esse tema, do tipo "todos os corvos são pretos", não são de caráter causal e, como já em seguida veremos, Hume não se ocupa desse tipo de indução.

---

[4] Russell, B. *An Outline of Philosophy.* Londres, George Allen & Unwin, 1927, p. 86.

[5] Um dos primeiros, se não o primeiro, foi Thomas Reid que, após declarar seu acordo com Hume quanto à impossibilidade de derivar da razão a crença causal, passa a considerar o "raciocínio indutivo" como sendo a origem dessa crença, acrescentando que o princípio de onde deriva o correspondente raciocínio deveria ser chamado "o princípio indutivo" – noção esta que é totalmente estranha à filosofia de Hume. Ver Reid, T. *An Enquiry into the Human Mind on the Principle of Common Sense* [1764]. Lincoln-Rembrandt Publishing, sem data, p. 263, 264.

Em sua *História da Filosofia Ocidental*, Russell corretamente discute a teoria humeana em termos de relações entre causas e efeitos[6] – corretamente, porque todos os exemplos e ilustrações que Hume apresenta consistem nesse tipo de relação e não em outros tipos, como por exemplo a relação entre as espécies naturais e suas qualidades sensíveis.

Não somente todos os exemplos são causais, mas além disso o *Tratado* afirma claramente que "a única conexão ou relação de objetos que pode nos levar além das impressões imediatas da memória e dos sentidos é a de causa e efeito; e isso porque é a única na qual podemos fundar uma inferência de um objeto para outro" (THN 1.3.6.7, p. 63). O que implica que qualquer relação entre um objeto e suas qualidades sensíveis, que não é uma relação causal, não faz parte do problema de Hume.

Por isso os exemplos típicos de inferências humeanas são do tipo "o fogo produz calor" e não do tipo "todos os cisnes são brancos". Aquilo que Hume está, pelo menos, discutindo *diretamente* são disposições *causais,* tais como a disposição da neve para produzir frio, e não qualidades sensíveis, tais como a fluidez da água (EHU 4.1.6, p. 110) ou a consistência do pão (EHU 4.2.16, p. 113). Vejamos o que Hume tem a dizer acerca desta última: "Nossos sentidos nos informam sobre a cor, o peso e a consistência do pão; mas nem os sentidos nem a razão podem jamais informar-nos sobre aquelas qualidades que o tornam adequado para a nutrição e sustento de um corpo humano" *(ibidem).*

---

[6] Russell, B. *A History of Western Philosophy.* Londres, George Allen & Unwin, 1946, p. 692 e ss.

O que significa que Hume discute apenas uma forma de inferência indutiva, a saber, a inferência *causal*. Questões do tipo "como sabemos que a água é fluida?" ou "como sabemos que o pão tem um certo e determinado peso médio?", ou "como sabemos que todos os cisnes são brancos?" (não sei se Hume alguma vez se lembraria de levantar esta última questão, que depois se tornou tão popular nos livros de filosofia)[7] simplesmente não foram incluídas dentro do âmbito de sua epistemologia, quer na primeira *Investigação* quer no *Tratado*. É como se para Hume não existisse o problema geral da indução, mas apenas o que poderíamos chamar "o problema da causação" – ou talvez, se se preferir, o "problema estrito da indução", ou seja, o problema da inferência causal tomada como uma entre várias formas de inferência indutiva.

Portanto carece de justificação que Russell acrescente a sua correta análise da teoria de Hume, discutida em termos de relações entre causas e efeitos, a afirmação de que uma das doutrinas humeanas é que "a indução por enumeração simples não é uma forma válida de argumento", e também a igualmente duvidosa afirmação de que aceitar as doutrinas de Hume nos obriga a concluir que "a rejeição da indução torna irracionais todas as nossas expectativas quanto ao futuro".[8] Porque Hume nunca discutiu a indução enquanto tal, mas apenas, conforme vimos, a inferência causal – e também a *crença* causal, que será comentada mais adiante.

Sem dúvida, o célebre argumento humeano acerca da impossibilidade de derivar da razão as inferências causais se

---

[7] É um dos exemplos de indução apresentados por Russell (ver *The Problems of Philosophy*, p. 105).

[8] *A History of Western Philosophy*, p. 693.

aplica também a outros tipos de inferência indutiva. O conjunto das inferências causais pode ser concebido como um círculo menor no interior de um círculo mais amplo, formado pelo conjunto de todas as inferências indutivas, e talvez possamos dizer que Hume, quando descobriu que as inferências causais não são derivadas da razão, também levantou o véu que escondia o problema geral da indução enumerativa. Mas nada nos permite supor que Hume tivesse a intenção de questionar a indução em termos tão gerais, na medida em que sua intenção era apenas, primeiro, questionar o círculo restrito das inferências causais, e depois apresentar sua teoria acerca do hábito ou costume, aliado à experiência repetida, como fonte e origem da inferência causal.

Além disso, se prestarmos rigorosa atenção ao caráter dos exemplos de inferência e crença causal apresentados por Hume, poderemos notar que não apenas o conjunto desses exemplos desenha um círculo mais limitado do que o círculo constituído pelo conjunto inteiro das induções enumerativas, mas vai mais longe do que isso, na medida em que também delineia um círculo ainda mais restrito no interior do círculo das inferências causais: o círculo das relações causais que são independentes das incertezas do comportamento humano ou animal, individual ou social.

Examinemos os exemplos apresentados na primeira parte da seção 4 da primeira *Investigação*, os exemplos que preparam o célebre "argumento negativo" de Hume acerca da causação. 1) *O Sol nascerá amanhã* (p. 108); 2) *Se alguém achasse um relógio ou qualquer outra máquina numa ilha deserta concluiria que já estiveram pessoas nessa ilha;* 3) *Ouvir uma voz articulada e um discurso racional no escuro assegura-nos da presença de uma pessoa;* 4) *O calor e a luz são efeitos colaterais do fogo* (p. 109); 5) *A água (...) sufocaria* (uma pessoa, que neste exemplo é Adão) *e o fogo a consumiria*; 6) *Dois pedaços lisos de mármore (...) aderem um ao outro de modo tal que seria preciso uma grande força para separá-los em linha reta, enquanto que oferecem só uma pequena resistência a uma pressão lateral;* (7) *A explosão da pólvora;* 8) *A atração da pedra íman;* 9) *O pão é alimento adequado para um homem, não para um leão ou um tigre;* 10) *Uma bola de bilhar comunicaria movimento a outra por impulso* (p. 110); 11) *Uma pedra ou um pedaço de metal atirado ao ar e deixado sem sustentação cai imediatamente* (p. 111); 12) *A elasticidade, a gravidade, a coesão de partes, a comunicação do movimento por impulso (...) são provavelmente as causas e princípios últimos que jamais descobriremos na natureza;* 13) *O movimento ou força de qualquer corpo em movimento é a razão composta da proporção entre o conteúdo sólido e a velocidade;* (p. 112); 14) *O cristal é um efeito do calor, e o gelo do frio;* (p. 113).

A definição das características comuns a todos estes casos pode ser encontrada na página 110 do mesmo texto: todos são exemplos, ou de *leis da natureza,* ou de *operações de corpos.* Nem um só sequer é exemplo, digamos, de uma sensação causando uma certa emoção, ou de uma ameaça causando um certo comportamento, ou de qualquer espécie de relações causais mais *incertas,* como aquelas que na seção 6 vão ser chamadas "probabilidades", em contraste com o que Hume chama "provas" – como por exemplo que *todas as pessoas vão morrer um dia,* ou o já referido *que o Sol vai nascer amanhã* (p. 131, nota). E naturalmente não há entre estes exemplos um único que seja exemplo de relações entre objetos e suas qualidades sensíveis.

De modo que aquilo a que podemos dar a designação de "inferências humeanas" é um conjunto muito restrito de inferências indutivas, todas elas causais, e tipicamente envolvendo relações causais físicas. Em contraste com isto, as inferências discutidas por Russell abrangem todo o território das inferências indutivas, sem esquecer as induções eliminativas – o que é acompanhado por uma atitude francamente hostil em relação às inferências causais e ao próprio conceito de causa. São célebres estas palavras de Russell: "A lei da causalidade (...) é uma relíquia de eras passadas, que sobrevive, tal como a monarquia, apenas porque erradamente supomos que é inofensiva".[9] Assim, para Russell os problemas acerca da indução em geral que são discutidos em obras como por exemplo o *Sistema de Lógica* de Stuart Mill, apesar da importância atribuída por este último a diversos problemas acerca da causalidade, têm um pleno significado que é totalmente diferente daquilo que poderia ter sido dito por um imaginário David Hume que estivesse reagindo às teorias da indução de Mill ou Russell.

Veja-se por exemplo o contraste estabelecido por Stuart Mill entre determinadas "induções completas" fundamentadas em um único fato,[10] tal como acontece em vários casos em química, e o caso possível de uma testemunha fidedigna vir nos dizer que descobriu um corvo cinzento e aceitarmos esse testemunho, apesar dos milhares de provas que temos de que todos os corvos são pretos.[11] A inferência indutiva "refutada" neste caso imaginário seria, evidentemente, uma inferência a respeito de uma qualidade sensível, a cor dos corvos, e para Russell isso seria tão significativo da falibilidade

---

[9] Russell, B. *Mysticism and Logic and Other Essays*. Londres, Unwin Books, 1963 [1917], p. 132.

[10] A importância deste tipo de inferência na própria filosofia de Hume é discutida no ensaio 3 deste volume.

[11] Mill, J.S. *A System of Logic, Ratiocinative and Inductive*, III, iii. Londres, Longmans, Green, Reader, and Dyer, 1968 [1843], 7ª ed. p. 350.

da indução em geral como a descoberta dos cisnes negros na Austrália, provando que, afinal de contas, a conclusão indutiva de que "todos os cisnes são brancos" era simplesmente falsa. Mas esta espécie de falibilidade é totalmente destituída de significado no quadro geral da epistemologia de Hume, pois este filósofo ignora completamente quaisquer problemas acerca da indução que se situem fora do campo daquilo que aqui defini como inferências humeanas. Em sentido estrito, e com todas as devidas precauções, poderíamos até arriscar dizer que para Hume ... não existia qualquer problema da indução *em geral*.

Por outro lado, se compararmos o corvo cinzento de Mill com a conclusão de qualquer inferência humeana, devemos pelo menos sentir intuitivamente que neste último tipo de inferência qualquer exceção seria acertadamente considerada impossível, enquanto que a exceção imaginária de Mill a seu próprio exemplo de inferência indutiva, que todos os corvos são pretos, seria no máximo considerada improvável, mas não impossível ou mesmo, talvez, implausível. Pelo menos é isto que corresponde à atitude do próprio Mill, atitude que me parece perfeitamente razoável. O corvo cinzento, é forçoso admitirmos, *não* corresponde às "probabilidades" de Hume (deixando aqui entre parênteses seu carácter não causal), contrastadas com suas "provas", porque as probabilidades humeanas tomadas neste sentido, conforme vimos, assentam em meras conjunções freqüentes, não em conjunções constantes, e para Mill ou qualquer outra pessoa a convicção de que todos os corvos são pretos assenta naquilo que Hume teria chamado uma conjunção constante, caso ele se tivesse interessado pelas inferências indutivas não causais.

Um problema difícil, que receio nunca possa vir a receber uma solução definitiva, é o de saber se Hume tinha clara consciência da diferença entre a relativa incerteza das inferências indutivas acerca das qualidades sensíveis dos objetos, em contraste com a certeza muito superior das inferências relativas às disposições causais dos mesmos objetos. Ainda mais difícil seria discutir se foi por esse motivo que ele nunca discutiu a indução em geral, limitando-se ao terreno mais restrito e mais firme do raciocínio causal. Poderia ter-lhe ocorrido, afinal de contas, que Francis Bacon tinha toda a razão no aforismo em que acusou a indução por enumeração simples de ser "pueril" e precária, isto é, eminentemente falível e incerta.[12] Mas esta é a razão que cabe a Bacon apenas se contemplarmos todo o campo da indução, que inclui uma grande variedade de inferências e de espécies de inferências, um campo acerca do qual toda ... generalização indutiva seria muito arriscada e complexa. Bacon foi capaz de uma profunda intuição acerca do caráter de todo esse território. Hume preferiu limitar suas investigações ao setor mais firme da inferência causal física, estendendo-as depois (mas com muito cuidado) ao domínio da causação derivada dos princípios da natureza humana.

É certo que, conforme procurei mostrar em outro lugar,[13] Hume tomou como modelo central de sua explicação teórica da inferência causal um novo princípio, ao qual deu os velhos nomes de costume ou hábito, evitando qualquer referência ao também antigo princípio da indução por enumeração simples deixando assim de lado qualquer perigo de "puerilidade" epistemológica, e tornando difícil que se argumentasse plausivelmente em favor de qualquer precarieda-

[12] Bacon, F. *The New Organon*. Livro I, CV. Nova York, Bobbs-Merrill, 1960, p. 98.

[13] Ver o ensaio 2 deste volume.

de deste tipo de inferência não demonstrativa. Sem dúvida inexiste aqui qualquer esperança de certeza metafísica, em marcado contraste com o domínio das ciências matemáticas, governado pela razão dedutiva – afinal de contas, esta diferença era uma das teses mais importantes de Hume – mas assim mesmo as inferências humeanas possuem uma solidez, e um tipo de racionalidade, muito superiores ao que Bacon encontrava na indução por enumeração simples, e também no que Russell supunha ser sustentado pela própria teoria humeana da indução.

Em muitas de suas obras, Russell apresenta sua própria concepção de um princípio de indução como "uma lei lógica *a priori*", um princípio que se aplica indiferentemente a todas as generalizações derivadas da observação de repetições, sejam estas relativas a qualidades sensíveis, como as cores das penas das aves, ou poderes causais, como a disposição de um corpo em movimento para fazer mover outro corpo. Mas em *Nosso Conhecimento do Mundo Exterior*, surpreendentemente, o autor diz que o princípio de indução "se for verdadeiro, servirá de garantia de que as *leis causais* provavelmente se verificam em todos os casos, tanto futuros como passados".[14]

Parece que encontramos aqui a mesma restrição ao terreno relativamente sólido do conjunto das inferências causais físicas que já encontráramos em Hume. Que todos os corvos são pretos não é uma lei causal – e nem sequer o célebre exemplo do esperançoso frango de Russell, que um belo dia, ao fim de uma longa "conjunção constante" entre uma pessoa entrar no galinheiro e essa pessoa lhe dar milho todos os dias,

---

[14] Russell, B. *Our Knowledge of the External World.* Londres, George Allen & Unwin, 1922 [1914], p. 222.

vê a mesma pessoa torcer-lhe o pescoço, embora seja um exemplo trivialmente causal, não constitui exemplo de uma lei causal propriamente dita. Mas neste texto Russell se concentra nas leis causais como sendo aquilo que é validado pelo principio de indução – por quê? Talvez porque sente a dificuldade de ir mais longe do que isso. Não creio haver resposta definitiva a essa questão.

II

A teoria da inferência e raciocínio causais proposta por Hume, longe de implicar a rejeição da indução sob qualquer de suas formas, ou de tornar "irracionais todas as expectativas quanto ao futuro", é uma teoria que se inscreve no quadro geral da teoria humeana da racionalidade. Este último termo, racionalidade, tal como outros da mesma família, como "racionalismo" ou "racionalizar", só apareceram nos séculos XIX e XX. Talvez Hume lhe pudesse ter chamado uma teoria da sabedoria, ou da sagacidade, ou da razoabilidade, se tais expressões não fossem demasiado desajeitadas para sua época – Locke escreveu *The Reasonableness of Christianity,*[15] mas nada de parecido com uma teoria geral da razoabilidade é nessa obra sequer sugerido. Mas a asserção de Hume no ensaio sobre os milagres, que "um homem sagaz proporciona sua crença à evidência" (EHU 10.1.4, p. 170) só pode fazer sentido como parte de uma teoria da evidência concebida em termos racionais.

[15] Locke, J. *The Reasonableness of Christianity as Delivered in the Scriptures*. Bristol, Thoemmes Press, 1997 [1695].

Quando Hume diz que não é razoável adotar uma conclusão causal "meramente (a partir de) um só caso" *(ibidem,* 5.1.3, p. 120), que outra coisa poderia estar sugerindo, senão que a repetição de conjunções na experiência é uma fonte *razoável* das inferências causais? Podemos até mesmo adiantar que a racionalidade quanto às questões de fato, para Hume, dependia em parte da repetição das experiências – e do princípio da natureza humana que nos torna sensíveis a esse tipo de repetição.

A proporção entre crença e evidência só faz sentido no interior de um quadro geral onde o costume ou hábito, entre outras coisas, é *também* um principio de racionalidade, nos casos em que influencia nossa imaginação acerca de experiências de *conjunções* de objetos ou eventos. No *Tratado* Hume fala de "outros hábitos", nos quais é uma *única* idéia, e não duas idéias conjugadas, que "se fixa na imaginação" devido a sua "repetição freqüente", sobretudo naquele tipo de educação das crianças que Hume compara ironicamente à *mentira* (THN 1.3.9, pp. 80-1). Mas quando age sobre conjunções de percepções, o hábito é uma fonte de descoberta racional – a descoberta de regularidades na natureza. E a racionalidade destas descobertas depende de o sujeito cognoscente manter sempre o sentido da proporção em todas as suas inferências e conclusões.

A evidência relativa a questões de fato consiste assim, antes de mais, num *número* suficiente de repetições de conjunções entre percepções, as quais por sua vez correspondem a objetos ou eventos. É a esse número de repetições que a evidência é e deve ser proporcional. A sagacidade, ou racionalidade, consiste em pesar adequadamente esse número indefinível. Ao discutir o argumento do Desígnio, a seção 11 da primeira *Investigação* deixa bem claro que, quando "o conhecimento da causa deriva apenas do efeito, eles devem ser exatamente ajustados um ao outro" (11.14, p. 191): "a causa deve ser exatamente proporcional ao efeito" (11.13, p. 190). Este é outro uso relevante do critério da proporção, nos casos onde não se dispõe da devida conjunção entre a causa e o efeito.[16] É importante salientar que aqui a sagacidade e a repetição não vão uma sem a outra, num argumento cuja conclusão racional é que "quase tudo é regulado por princípios e máximas muito diferentes dos nossos" (11.27, p. 196). Hume poderia a propósito deste ponto ter dito: um homem sagaz não acredita que a noção de uma providência particular seja adequada para explicar a ordem e adaptação que encontramos no mundo. Conclusão esta que, como sabemos, foi amplamente desenvolvida por Hume em sua grande obra proibida: os *Diálogos sobre a Religião Natural*.

Mas no domínio das causas visíveis ainda permanece um problema na filosofia de Hume, relativamente ao possível papel da proporção entre crença e evidência nas conclusões causais tiradas de "experiências singulares", como são chamadas no *Tratado* (1.3.12.3, p. 90). Podemos às vezes "chegar ao conhecimento de uma determinada causa apenas a partir de uma só experiência, desde que seja feita com critério" (1.3.8.14, p. 73), ou seja, pode ser suficiente uma única conjunção entre dois objetos ou eventos para concluirmos legitimamente que um deles é a causa e o outro é o efeito. Não tenho conhecimento de que Hume tenha apresentado explicitamente exemplos concretos deste tipo de "atalho causal", mas na primeira *Investigação* volta a insistir nele (9.5, nota, p. 167). E aqui, por uma vez, vemos Thomas Reid vindo em

[16] Sobre este assunto, ver o primeiro ensaio do meu livro *Hume e a Epistemologia*. Lisboa, Imprensa Nacional, 1984.

auxílio de David Hume, embora sem sabê-lo, quando defende que "às vezes uma experiência única é considerada suficiente para estabelecer uma conclusão geral", e ao dar-nos um exemplo: basta uma única observação do mercúrio, a uma temperatura extremamente baixa, se transformando num metal duro, para dispormos de boas razões para acreditar "que o mesmo grau de temperatura irá sempre produzir esse mesmo efeito, até ao fim dos tempos".[17]

Deixando aqui de lado as diferenças epistemológicas entre esses dois filósofos, limitemo-nos ao óbvio reconhecimento de que o exemplo reideano teria provavelmente sido aceite por Hume, não apenas como exemplo de raciocínio válido, mas também como um caso legítimo daquelas inferências causais feitas a partir de uma única experiência que este filósofo refere no *Tratado* e na primeira *Investigação*. Mas neste caso em que jamais se pode observar uma conjunção constante, como poderia um homem sagaz "proporcionar sua crença à evidência"? Bem, creio que ele teria de examinar o "conhecimento de fundo" dessa inferência, a fim de constatar se "a experiência foi feita com rigor, e livre de todas as circunstâncias estranhas" (EHU *ibidem;* cf. THN 1.3.8.14, p. 73). Isto teria de incluir um exame da proporção entre esse pano de fundo causal e o âmbito da conclusão final. Como isto poderia exatamente ser medido é algo que Hume, infelizmente, não deixou escrito.

Seja como for, parece claro que não apenas Hume, mas também Reid jamais poderia aceitar que um princípio de indução como o de Russell pudesse fazer sentido no quadro das inferências a partir de experiências singulares. Sendo estas

---

[17] Reid, T. *Essays on the Intellectual Powers of Man.* Cambridge (Ma.)/Londres, MIT Press, 1969, p. 642. Ver também o ensaio 3 deste volume.

inferências decididas por uma única conjunção de uma causa com seu efeito, é evidente que elas devem ser decididas no próprio momento em que se observa a conjunção, sem deixar lugar para qualquer espécie de probabilidade dependente de freqüências. Pode, sem dúvida, ser avaliada a proporção na formação do quadro de fundo adequado para tais inferências. Mas estas mesmas inferências nunca poderiam servir de exemplos do princípio de indução probabilístico proposto por Russell. E este filósofo reconhece explicitamente que existem inferências como essas, sendo um de seus exemplos de "inferência como hábito" o seguinte: "Uma criança toca numa maçaneta que lhe dá um choque eléctrico; depois disso passa a evitar tocar nessa maçaneta. Se já tiver idade para falar, poderá dizer que a maçaneta produz dor quando é tocada; ela fez uma indução baseada em um caso singular".[18]

A asserção humeana de que a sagacidade e a racionalidade dependem da proporção entre a crença e a evidência faz parte de um contexto epistemológico mais amplo, que inclui as inferências do singular e até mesmo hipóteses relativas a causas que são conhecidas apenas por seus efeitos. O *rationale* da metodologia humeana da proporcionalidade entre evidência e conclusão, que talvez possa ser considerado como sua aplicação particular do princípio da navalha de Occam, é apresentado nos termos de seu "caso paradigmático" de um sujeito cognoscente trabalhando apenas com conjunções repetidas. Tanto bastava para a discussão dos milagres e do testemunho humano que constitui a temática da seção 10 da primeira *Investigação*.

[18] Compare-se com o exemplo semelhante de Hume da criança que se queima na chama de uma vela, EHU 4.2.13, p. 118. Ver o ensaio 3 deste volume.

Neste ponto, Hume evoca a distinção entre "provas" e "probabilidades" que já estabelecera numa nota crítica a Locke no início da seção 6 da *Investigação*, e agora lhe serve como comentário sobre a sagacidade cognitiva no resto da seção sobre os milagres. Neste caso temos um tipo simples de proporção, conforme o número de repetições de conjunções entre eventos, ou entre objetos e eventos, que vai servir como "balança" para pesar o valor relativo dos argumentos assentes em testemunhos, tanto no caso dos milagres como em toda a espécie de argumentos históricos. Mas talvez o pensamento de Hume implique também que um homem sagaz deve proporcionar sua crença na existência de um Autor inteligente do mundo à evidência constituída pelos exemplos visíveis de aparente desígnio e intenção.[19] Por outro lado, poderia igualmente implicar que as inferências feitas a partir de casos singulares devem também seguir, mesmo que apenas tacitamente (THN 1.3.8.14), algum tipo de proporção com o pano de fundo cognitivo que permite dispensar o recurso a novas observações repetidas.

Em seu livro sobre a filosofia de Russell, Mark Sainsbury[20] cita a frase de Hume em torno da qual gira a argumentação desta segunda parte do presente capítulo, aparentemente como se ela constituisse uma alternativa às soluções russellianas, e acrescenta que Peter Strawson defende uma posição semelhante à de Hume em sua *Teoria Lógica* (p. 182). A "sagacidade" de Hume é tomada no sentido de "racionalidade, crença justificada", e Sainsbury defende que os argumentos indutivos devem ser considerados ligados *a priori* a este tipo de racionalidade. Com efeito, Strawson diz nessa

---

[19] Ver o ensaio 4 de meu *Hume e a Epistemologia*.

[20] Sainsbury, M. *Russell*. Londres, Routledge & Kegan Paul, 1999, p. 182.

obra, entre outras coisas, contra os céticos indutivos (e implicitamente contra os que pensam que Hume é um deles) que "perguntar se é razoável depositar confiança nos procedimentos indutivos é o mesmo que perguntar se é razoável proporcionar o grau de nossas convicções à força da evidência. Fazer isto é exatamente o que 'ser razoável' significa nesse contexto".[21]

III

Russell interpretou a teoria humeana da causação, não apenas como uma teoria geral da indução, mas também como uma teoria cética e irracionalista da indução. O que a presente análise procura mostrar é que Russell se engana quanto a ambos esses aspectos – pois a teoria de Hume é estritamente uma teoria da inferência causal, e uma teoria que pretende mostrar que em diversas circunstâncias essa inferência pode-se caracterizar por um tipo especial de racionalidade, sempre diferindo profundamente da racionalidade própria da inferência dedutiva, mas nunca de maneira a poder conduzir a qualquer espécie de desespero epistemológico.

Mas o que ele julgou encontrar na filosofia de Hume levou Russell, como se sabe, a adotar desde muito cedo a teoria da indução de Keynes, permanecendo-lhe fiel pelo menos desde 1912, nos *Problemas da Filosofia*, até *Conhecimento Humano* em 1948.[22] Segundo Sainsbury, Russell tinha a am-

21 Strawson, P.F. *Introduction to Logical Theory*. Londres, Methuen, 1977 [1952], p. 257.

22 Russell, B. *Human Knowledge, its Scope and Limits*. Londres, Routledge, 1992 [1948].

bição de preencher a lacuna entre o mundo dos sentidos e o mundo da ciência, e acreditava que para consegui-lo precisava de resolver o problema da indução, ou seja, "o problema daquilo que pode justificar nosso raciocínio que parte daquilo de que temos experiência para chegar àquilo de que não a temos".[23]

Mas é legítimo perguntar se a teoria russelliana pode fazer sentido enquanto resposta adequada ao suposto "ceticismo indutivo" de Hume. Há duas versões principais da teoria da indução de Russell, a primeira nos *Problemas da Filosofia* e a segunda em *Conhecimento Humano*. A primeira versão propõe um princípio de indução positivo, dividido em diversas partes, das quais a mais significativa talvez seja a segunda, aquela que declara que "um número suficiente de casos de associação [de duas espécies de coisas] transformará a probabilidade de uma nova associação em quase uma certeza, e fará que ela se aproxime da certeza sem limites" (p. 103). Isto foi interpretado por Sainsbury como um princípio *a priori* de indução, creio que corretamente, mas por agora gostaria de limitar-me à discussão da teoria de Russell como resposta, que claramente pretende ser, ao suposto "ceticismo indutivo" de Hume.

Russell é perfeitamente explícito a esse respeito em sua *História da Filosofia Ocidental:* "O ceticismo de Hume assenta inteiramente em sua rejeição do princípio de indução" (p. 699), um princípio sem o qual "a ciência é impossível" (p. 700). O que Hume realmente rejeita é que o princípio gerador das inferências *causais* (e não das inferências indutivas *em geral*) possa alguma vez ser derivado da razão. Hume nun-

---

[23] Sainsbury, M. *Russell*, p. 162-3.

ca rejeitou, nem admitiu, qualquer princípio geral de indução. Por outro lado, a concepção de probabilidade que encontramos na seção 6 da *Investigação* só faz sentido em casos de conjunção meramente *freqüente* e não *constante*.

Os argumentos experimentais que partem da observação de conjunções constantes são, como já vimos, chamados *provas*, distinguindo-se das *probabilidades*, e são todos de fato, se não de direito, provas de, como também lhes podemos chamar, *poderes causais*, e não provas da posse universal de qualquer *qualidade sensível* por qualquer tipo de classe de objetos. A análise humeana da descoberta das disposições ou poderes causais nada tem a ver com a probabilidade, em qualquer sentido (embora no *Tratado* o sentido lockeano desse termo, em oposição a "conhecimento", ainda apareça). Sempre que um certo número de conjunções repetidas é suficiente para "deflagrar" o princípio inato chamado "hábito", o sujeito cognoscente espera imediatamente o "efeito" da "causa" observada, e a idéia do efeito esperado recebe a vivacidade da impressão da causa presente, tornando-se assim uma crença causal. Certamente isto nunca poderia ser chamado um "princípio de indução", mas é sem dúvida um "princípio de causação", com um duplo aspecto: inferência e crença. Um princípio que é um instinto natural, "infalível em suas operações", que segundo Hume se encontra na mais profunda harmonia com a ordem causal do mundo (embora nenhuma conclusão individual possa ser considerada "certa") e é um de nossos instrumentos essenciais de sobrevivência. Um princípio que para nosso filósofo é um dos principais aspectos da racionalidade humana, ao lado da razão dedutiva e da intuição matemática.

Se, por um lado, a epistemologia de Hume não é acerca do "problema da indução" em geral, ignorando se podemos ou não afirmar que todos os corvos são pretos, se todos os cisnes são brancos ou se todos os pães têm o peso médio *x*, por outro lado, no interior do estreito terreno das inferências causais ou, se se preferir outra expressão, das "induções causais", essa epistemologia aceita alguma coisa que pode legitimamente ser chamada um "princípio de indução causal" e que não deriva da experiência. Contrariamente ao princípio de indução de Russell (ou de Keynes), ele não tem nada a ver com a probabilidade, nem é de carácter lógico, mas num sentido relevante é um princípio *a priori*, além de ser uma fonte confiável de crença racional.

Para encontrarmos em Hume um princípio *a posteriori*, precisamos examinar algo como sua quarta regra de método no *Tratado*, a qual nos diz que as mesmas causas produzem sempre os mesmos efeitos (THN 1.3.15.6, pp. 116-7) – uma regra derivada de "muitos milhões de exemplos". Este mesmo princípio foi considerado por Thomas Reid um princípio *a priori*,[24] e em contraste com isto a posição de Hume certamente aparece como mais empírica. Mas o princípio de inferência causal a que chama "hábito" não é empiricamente derivado – é claro que "os hábitos" são derivados da experiência, mas o Hábito (ou Costume) de onde derivam esses "hábitos" é um princípio inato

Hume dá a seu princípio os nomes de "costume ou hábito", mas trata-se sobretudo disso mesmo: nomes.[25] Para além destes nomes é importante identificar rigorosamente qual é em Hume o conceito desse princípio, conceito que é claramente delineado na primeira *Investigação*: é uma disposição para sermos afetados pelas conjunções repetidas de fenômenos, de modo tal que após um certo número, sempre

---

24 *Essays on the Intellectual Powers of Man*, p. 641 e 643.

25 Ver o ensaio 2 deste volume.

impossível de definir exatamente, de repetições, quando uma vez mais um desses fenômenos se apresenta a idéia do outro fenômeno vem à mente, recebendo a vivacidade da primeira impressão, e assim se tornando aquele tipo especial de idéia avivada que constitui a crença causal.

Dado que segundo Hume, para um sujeito cognoscente que nunca antes teve qualquer experiência as conjunções singulares não são suficientes para deflagrar inferências e crenças causais – não é razoável "concluir, meramente porque um evento, em um único caso, precede outro, que portanto um deles é a causa e o outro o efeito", porque essa conjunção singular "pode ser arbitrária e casual" (EHU 5.1.3, p. 120) – temos de concluir, conforme sugeri, que para esse sujeito, após uma repetição de conjunções suficiente, passa a ser razoável concluir que essa particular conjunção não é arbitrária nem casual (ou um exemplo de acaso, diríamos nós) e continuará ocorrendo regularmente no mundo real.

Não há em Hume qualquer sugestão de que, uma vez estabelecida uma crença causal, outras repetições de exemplos do mesmo tipo de causação façam essa crença aproximar-se da certeza, ou coisa equivalente. As idéias de Russell não teriam aqui qualquer possibilidade de "melhorar" o princípio de Hume. Quando lanço um dado algumas dúzias de vezes, e o resultado é sempre um número par, ao fim de um certo número de lances fico convencido de que o dado está viciado e que vai sempre comportar-se da mesma maneira – mais uma dúzia de lances com o mesmo resultado não irá reforçar essa minha crença. Em resumo: o apriorismo de Russell, embora sob forma diferente, não acrescenta nada ao que Hume chama sua "solução cética" do problema da indução causal, e o probabilismo russelliano não poderia tornar-se útil aqui – de modo que o suposto "problema de Hume" fica longe de ser resolvido, ou sequer clarificado em qualquer medida.

Em 1948, Russell tentou em *Conhecimento Humano* uma abordagem diferente, depois de claramente abandonar a concepção de um princípio de indução defendida nos *Problemas da Filosofia*. Este princípio passou a ser substituído pelo que agora se chamava "postulados empíricos".[26] Entre estes postulados existe um que, segundo Sainsbury, capta o que há de mais essencial em todos eles.[27] É o postulado russelliano da "quase-permanência": "Dado um evento A, acontece muito frequentemente que, em algum momento próximo, há em algum lugar próximo um evento muito semelhante a A".[28]

Sainsbury nega a estes postulados qualquer estatuto epistemológico aceitável. No caso da quase-permanência, há uma equivalência com o postulado de que há coisas duradouras e, segundo Sainsbury (p. 176) " é intolerável supor, como faz Russell, que isto 'possa sequer ser tornado provável por argumentos empíricos'" (p. 436). Mas talvez possa argumentar-se que o aspecto mais saliente deste postulado aparece como ainda mais inadequado como solução do problema de Hume do que foi o caso do princípio russelliano de indução em 1912.

A existência real de coisas duradouras pode ser considerada, na versão humeana do problema, como algo que deve ser tomado como decidido à partida, para que o que dizemos possa fazer sentido. Se admitirmos, como creio que devemos admitir, que as "coisas duradouras" são, ou são pelo menos, *corpos*, teremos como conseqüência a presença na filosofia

---

[26] *Human Knowledge*, p. 240 e ss.; ver Sainsbury, M. *Russell*, p. 173 e ss.

[27] Sainsbury, M. *Russell*, p. 175.

[28] *Human Knowledge*, p. 507.

humeana de um postulado acerca da existência dos corpos físicos. Ao discutir o ceticismo no *Tratado*, Hume argumenta: "Bem podemos perguntar: *Quais são as causas de acreditarmos na existência dos corpos?* Mas seria vão perguntar *se existem corpos ou não*. Este é um ponto que temos de tomar como garantido em todos os nossos raciocínios" (THN 1.4.2.1, p. 125).

Por outro lado, já vimos que as "probabilidades" de Hume, em contraste com suas "provas", são interpretadas pelo próprio filósofo em termos "estatísticos". Em seu exemplo do ópio como soporífico, a probabilidade é proporcional (outro exemplo do papel central da proporção) ao número de vezes que ele teve esse efeito na experiência de que dispomos, comparado com o número de vezes em que o ópio não teve tal efeito soporífico. Em Hume, a "probabilidade das causas" é como a "probabilidade das chances" (tanto no *Tratado* como na *Investigação*), e talvez possamos dizer que quanto mais vezes o ópio faz dormir mais perto ficamos da convicção de que ele assim fará no futuro. Mas não é isto que Russell ambiciona estabelecer, preocupado que está com sua própria solução do problema da indução tirada de experiências *constantes*. Parece assim que Hume e Russell nunca poderiam se encontrar num terreno comum, porque o primeiro só aceita argumentos probabilísticos num domínio que é inadequado para as pretensões do segundo, e este último pretende defender uma solução probabilística num domínio onde tal solução nunca pode fazer sentido em termos humeanos.

Mas não seria talvez possível que o território da indução em geral, sem ficar restrito ao núcleo duro das leis causais humeanas, pudesse ser abordado de modo a conduzir a uma solução russelliana? Afinal de contas, Hume ignorou qualquer problema de indução acerca de qualidades sensíveis, deixando tal assunto para a posteridade, e nesta posteridade certamente encontramos terrenos menos sólidos, dentro dos quais podemos achar corvos cinzentos millianos (embora se trate apenas de corvos possíveis) e cisnes negros russellianos (estes são reais, mas aqui a diferença é secundária). Não seria possível que uma concepção russelliana dos postulados empíricos, mau grado o fato de o núcleo causal humeano lhes ser impenetrável, constituísse uma solução para as induções *não-causais*, relativamente a qualidades sensíveis como as cores das penas das aves – e certamente muito mais do que isto?

Para que isto pudesse fazer sentido, teria de ser *prima facie* possível, pelo menos, estabelecer uma analogia entre as probabilidades humeanas e a indução não-causal – e isto é mais do que incerto. Doses não soporíficas de ópio são coisa conhecida como existente, tal como hoje é o caso dos cisnes negros, mas um corvo cinzento bem pode ser simplesmente uma coisa que não existe. Como poderemos unificar esse tão heteróclito campo cognitivo? Creio que a única resposta honesta é simplesmente que não sabemos – deixando assim Hume e Russell nos campos inconciliáveis onde sempre estiveram. Talvez seja melhor assim.

Como tentativa de resolver os problemas do conhecimento comum e científico, e o problema suplementar da lacuna existente entre ambos, o indutivismo russelliano é geralmente encarado como um fracasso. O falsificacionismo popperiano e o holismo quineano tiveram melhor sorte nos campos de batalha da opinião epistemológica, pelo menos até agora – e ninguém é capaz de predizer o que o futuro ainda poderá nos trazer nesse domínio. Especialmente porque nenhuma dessas duas grandes filosofias conseguiu garantir um lugar adequado para as inferências humeanas, conforme procurei caracterizá-las neste estudo.

6

INDUÇÃO, ACASO E RACIONALIDADE*

Em seu clássico *Fact, Fiction and Forecast,* Nelson Goodman pretende resolver – ou talvez dissolver – o célebre problema da indução assinalado por Hume. Mas há boas razões para duvidar de que Goodman o tenha conseguido. Ao sustentar que as inferências podem ser justificadas por regras gerais, e as regras gerais por sua conformidade com inferências aceitas e reconhecidas,[1] não é propriamente o problema de Hume que ele está buscando enfrentar. O problema de Hume diz respeito à indução causal por repetição, e não a tudo o que uma tradição filosófica posterior veio a reunir sob a mesma vaga designação. A sugestão goodmaniana da existência de um círculo "virtuoso" – e não mais um círculo vicio-

---

* Uma versão anterior deste artigo foi apresentada ao Colóquio da Sociedade Filosófica Ibero-Americana realizado em Tenerife, em junho de 1993, com o título "Causal Inference and Rationality". Agradeço a Margarida Vásquez, Sebastián Álvares, Caetano Plastino e Martin Davies suas úteis e interessantes sugestões.

[1] Goodman, N. *Fact, Fiction and Forecast.* Indianápolis/Nova York, Bobbs-Merrill, 1973.

so como o apontado por Hume na inferência causal clássica – não corresponde a nada que possa legitimamente ser estabelecido entre a indução enumerativa e a tácita regra da repetição de onde ela deriva. O argumento goodmaniano pode talvez ter alguma legitimidade quanto à indução em geral, ou o que assim é chamado, tomado como um processo histórico. Mas o problema de Hume, como Popper e outros claramente souberam ver,[2] diz respeito à impossibilidade de justificar a mais básica e primária inferência por repetição. Por mais maciça que seja a repetição de qualquer fenômeno, a proposição que descreve essa observação nunca pode ser tomada como premissa suficiente para fundamentar qualquer conclusão universal acerca das futuras ocorrências da mesma espécie de fenômeno.

Tanto antes como depois da dissolução tentada por Goodman, foram propostas diversas soluções do problema da justificação da indução: justificações analíticas, pragmáticas, e mesmo justificações indutivas da indução foram apresentadas e amplamente debatidas. Muitas delas foram coligidas no volume *The Justification of Induction*, organizado por Richard Swinburne em1974. Mas outro importante filósofo atual além de Popper, Willard Quine, também eleva a desesperança epistemológica humeana acerca do raciocínio indutivo à dignidade de um legado irrecusável: no que diz respeito à justificação da indução, todo o debate realizado tem como conseqüência o reconhecimento de que estamos todos "de volta a Hume, como indubitavelmente nos compete".[3]

---

[2] Popper, K. *Objective Knowledge.* Oxford, Clarendon Press, 1973, p. 4 e ss.

[3] Quine, W. *The Roots of Reference.* LaSalle, Open Court, 1973.

Dada a impossibilidade de validação racional das inferências que do particular conhecido saltam imprudentemente para o universal desconhecido, surge a natural tentação de concluir que só resta nos limitarmos a tentar *explicar* a indução, desistindo de procurar qualquer espécie de justificação ou vindicação, e procurando apenas dar conta do modo como efetivamente realizamos nossas inferências, em termos unicamente psicológicos. A própria solução "cética" de Hume tem sido encarada como uma fuga em direção ao irracionalismo, posição esta que Popper recusa tão intensamente como aprova o argumento negativo do mesmo filósofo acerca da indução.[4] Tema interessante e cheio de aspectos polêmicos, que aqui deveremos deixar de lado, para nos interrogarmos acerca de nosso problema principal, o de encontrar uma caracterização da inferência não-dedutiva que deixe de encerrá-la dentro dos estreitos limites da armadilha indutiva.

Um breve resumo inicial do problema pode iniciar-se com esta pergunta: será possível descobrir uma caracterização da inferência não-dedutiva que permita a esta escapar dos estreitos limites do círculo vicioso denunciado por Hume? A tendência predominante é um reducionismo: toda classe de inferências é reduzida à estrita indução, e a inferência causal é encarada como uma forma de inferência indutiva. Ao arrepio desta tendência, é preciso examinar melhor até onde vai a inferência não-dedutiva, decidir qual é realmente seu âmbito próprio e quais são seus limites, a fim de determinar aquilo que temos efetivamente o direito de pretender que ela estabelece. E a fim de perguntar, não apenas por que extraímos da experiência repetida um determinado tipo de con-

[4] Popper, *Objective Knoewledge,* p. 5-23.

clusão, mas também até que ponto e em que medida podemos considerar legítimo e racional proceder confiantemente a este tipo de inferência, atribuindo-lhe, como é usual fazer-se, um tão considerável valor cognitivo.

A inferência não-dedutiva derivada da repetição deve ser reconhecida como uma operação central na construção do conhecimento, sem qualquer receio de que possa servir para abrir a porta à irracionalidade. A inferência indutiva por enumeração simples foi declarada "pueril e precária" por Francis Bacon,[5] muito antes de Hume ter procurado mostrar a impossibilidade de justificá-la racionalmente. Mas uma inferência não-dedutiva pode assentar numa experiência repetida sem com isso se constituir como uma inferência partindo de premissas particulares para finalmente chegar a uma conclusão universal. Talvez estas palavras correspondam a uma descrição aceitável de alguma coisa que possa ser corretamente chamada "indução enumerativa", mas a espécie de inferência que serviu de ponto de partida para o problema originalmente descoberto por Hume não precisa, e talvez não deva, receber uma descrição nesses termos.

O aspecto mais importante a salientar é que, no contexto do problema original, a repetição observada pode ser tomada como sendo antes de mais nada uma razão para rejeitar uma certa espécie de hipótese, à qual podemos dar a designação de "hipótese de acaso". Como Hume foi o primeiro a assinalar,[6] a observação de uma conjunção *singular* de fenô-

---

[5] Bacon, F. *The New Organon*, I, cv. Indianápolis/Nova York, Bobbs-Merrill, 1960.

[6] Hume, D. *A Treatise of Human Nature* (THN). Oxford, Clarendon Press, 1978, 2ª ed., p. 104-5; *idem. An Enquiry concerning Human Understanding* (EHU). In: *Enquiries concerning Human Understanding and*

menos é insuficiente, caso essa conjunção não possa ser abrangida por uma estrutura experiencial mais ampla, para eliminar a hipótese de que essa conjunção "possa ser arbitrária e casual", ou seja, obra do acaso e não de um vínculo causal entre os dois fenômenos. Mas se idêntica conjunção for repetidamente observada, esta mesma hipótese da casualidade terá que ser eliminada e substituída por alguma outra.

Sempre que supomos que certa ocorrência se deve ao acaso, fazemos uma *predição tácita*, a predição de que essa ocorrência futura irá seguir um determinado padrão. Num jogo de dados esperamos que cada um dos seis números saia mais ou menos tão freqüentemente quanto os outros cinco, e nos fenômenos da vida quotidiana, do mesmo modo que nos fenômenos ocorridos em laboratórios científicos, esperamos que cada uma das ocorrências que atribuímos ao acaso siga o mesmo padrão relativamente irregular de todos aqueles fenômenos que classificamos como pertencentes a essa mesma ordem do casual e do fortuito.

Tal como qualquer outra hipótese, uma hipótese de acaso, ou conjectura de casualidade, faz uma certa predição relativamente aos fenômenos a que se aplica. E exatamente como qualquer outra hipótese, uma conjectura de casualidade é desacreditada, ou prejudicada, sempre que deixam de ocorrer os fenômenos por ela previstos. Em conseqüência disso, de cada vez que é impossível constatar qualquer dos fenômenos previstos por uma dessas conjecturas, a única atitude legítima e racional é concluir que a hipótese tem de ser rejeitada.

---

concerning the Principles of Morals. Ed. de L.A. Selby-Bigge e rev. de P.H. Nidditch. Oxford, Clarendon Press, 1975, 3ª ed., p. 42.

Ora, a *não ocorrência* desses fenômenos, previstos por qualquer hipótese de acaso, coincide com a *ocorrência da repetição*, com o surgimento de fenômenos repetidos que pertencem à mesma espécie dos visados pela hipótese. A partir daí, esta conjectura é completamente – tão completamente como é permitido pela natureza do assunto – desacreditada pela observação de conjunções repetidas, porque este tipo de observação simplesmente *é*, ou é a mesma coisa que constatar a não-ocorrência dos mesmos padrões observáveis caóticos, raros ou não repetitivos que eram implicados e previstos pela hipótese.

Como escreve John Foster: sempre que deparamos com uma repetição maciça, como por exemplo no caso da queda dos corpos, simplesmente não podemos ignorar que esta consistência "seria uma espantosa coincidência se fosse meramente acidental – espantosa a ponto de tornar completa e literalmente inacreditável a hipótese da acidentalidade".[7] Esta hipótese de acidente é aquilo a que aqui chamei conjectura de casualidade, e se pode também chamar hipótese de fortuidade, ou de acaso. E a observação da "consistência" ou repetição da conjunção de fenômenos é sem dúvida, e pelo menos, a coisa mais parecida com uma *boa razão* que possuímos para uma cabal refutação dessa espécie de hipótese.

Uma vez que tenha sido desacreditada e descartada, a respeito de uma certa conjunção de fenômenos, a hipótese de que aquela seja devida ao acaso, é bem pouco o que nos resta como alternativa. Podemos até talvez dizer que resta apenas uma única alternativa para a hipótese do acaso, somente

---

[7] Foster, J.A. "Induction, Explanation and Natural Necessity." In: *Proceedings of the Aristotelian Society*, 1983, vol. LXXXIII, p. 89.

uma conjectura merecedora de ser tomada como uma hipótese alternativa, em todas as circunstâncias em que nos encontramos na situação de experimentar uma repetição constante. Conforme escreveu Moritz Schlick: "Se *C* é regularmente seguido de *E*, então *C* é a causa de E; se apenas 'acontece' que *E* se lhe segue aqui e ali, a seqüência é considerada como mero acaso".[8] E, mais recentemente, Ernest Sosa: quando temos uma experiência repetida, concluímos que "a consistência é tão notável que não pode tratar-se apenas de um acidente, ou de mera coincidência".[9]

Mas em que sentido é que uma hipótese causal constitui uma alternativa para a hipótese do acaso? Dizer que uma certa conjunção de fenômenos se deve ao acaso é dizer que ela se deve à convergência de duas ou mais séries ou cadeias causais independentes entre si. O acaso não faz sentido se concebido como total ausência de causação, mas faz sentido nestes termos agora indicados, na clássica concepção de Augustin Cournot,[10] para o qual é a mútua independência das séries que é responsável pelo caráter fortuito de qualquer ocorrência – concepção esta para a qual não consta que tenha sido encontrada alternativa relevante para o presente assunto. Sempre que um acontecimento qualquer é atribuído ao acaso, tacitamente atribuímos essa ocorrência à "co-inci-

---

[8] Schlick, M. "Causality in Everyday Life and in Recent Science". In: Mulder, H.L. & Velde-Schlick, B.F.B. Van de. (eds.). *Philosophical Papers*. Vol. 2. Trad. de P. Heath. Dordrecht, Reidel, 1979.

[9] Sosa, E. *Knowledge in Perspective*. Cambridge, Cambridge University Press, 1991, p. 56.

[10] Cournot, A. *Exposition de la Théorie des Chances et des Probabilités*. Paris, Hachette, 1843, p. 82.

dência" de dois ou mais sistemas causais independentes – e, talvez por metonímia, chamamos "coincidência" à própria conjunção ou evento.

Popper também adota esta concepção do acaso em *The Open Universe*, ao escolher o conceito de acaso que é relevante para o problema da inferência causal, enquanto oposta às conjecturas de casualidade. Escreve ele que esta espécie de acaso "se deve à independência de duas cadeias causais que acidentalmente interferem uma na outra em certo momento e lugar, de modo a se combinarem na produção do evento casual". A única outra espécie de acaso, segundo este mesmo filósofo, se aplica estritamente a apenas um tipo especial de evento, os processos físicos elementares, que não podem ser analisados em termos de cadeias causais e consistem em saltos quânticos, ou seja, eventos imprevisíveis que são controlados apenas por leis probabilísticas, segundo uma teoria científica chamada mecânica quântica.[11]

Não seria razoável supor que esta segunda concepção do acaso pudesse alguma vez ser diretamente relevante para a questão essencial que se coloca, de cada vez que se diz que a conjunção de dois fenômenos observáveis é acidental, ou devida ao acaso. Tampouco seria razoável supor que o que pretendemos, ou temos o direito de pretender, sempre que formulamos esse tipo de juízo, tem qualquer relação relevante com as sugestões wittgensteinianas de que "tudo o que acontece e tudo que é o é por acaso" ou "fora da lógica tudo é acaso".[12] Esta concepção de Wittgenstein está mais próxima do que outros filósofos chamam "contingência", do mesmo

---

[11] Popper, K. *The Open Universe.* Londres, Hutchinson, 1982, p. 125-7.

[12] Wittgenstein, L. *Tractatus Logico-Philosophicus.* Londres, Routledge and Kegan Paul, 1961, p. 71 e 67.

modo como o conceito de "acaso absoluto" da mecânica quântica certamente não concorda com outras concepções científicas ou filosóficas. De qualquer modo, parece certo que conceitos como esses não podem sensatamente ser misturados com nossas mais comuns atribuições dos eventos ao acaso. O que realmente queremos dizer em tais atribuições corresponde, fundamentalmente, à primeira das duas perspectivas evocadas no texto popperiano. Seja o que for que se suponha estar fazendo nessas ocasiões, tudo aquilo que validamente está sendo *dito* é que as conjunções fortuitas se devem a coincidências acidentais entre duas ou mais cadeias ou sistemas causais.

Portanto, o que realmente é descartado, ou eliminado, sempre que se rejeita uma dada conjectura de casualidade, é a possibilidade de que o fenômeno em questão, o fato da conjunção, possa derivar da coincidência de duas ou mais séries causais. Ora, a única alternativa restante é simplesmente que a mesma conjunção seja derivada de apenas uma única cadeia causal – porque a outra possibilidade, a última de que se dispunha, a saber, que a conjunção seria derivada de uma completa ausência de causas, não faz sentido em nosso esquema conceitual e deve ser implicitamente rejeitada, e eliminada *a priori*. Esta eliminação remonta pelo menos a Hume, que já apresentava a rejeição dessa possibilidade como universalmente aceita: "É universalmente reconhecido", escreveu ele, "que nada existe sem uma causa de sua existência, e que o acaso, quando examinado com rigor, é mera palavra negativa, e não significa qualquer poder real existente em qualquer parte da natureza".[13]

[13] THN, p. 130; EHU, p. 95

Esta "máxima causal" humeana é parte integrante do contexto do problema original acerca da justificação da inferência causal, e certamente é importante que todas estas questões sejam examinadas no interior de seu contexto próprio. A partir desta perspectiva, a inevitável conclusão é que a única alternativa à hipótese do acaso, no sentido relevante desta expressão, é a conjectura de que os casos observáveis de conjunções entre fenômenos são produzidos por apenas uma única cadeia causal, da qual essa conjunção que foi observada constitui uma manifestação visível. O que significa simplesmente que só há dois tipos de hipótese disponíveis, por um lado a hipótese do acaso, postulando uma multiplicidade, ou pelo menos uma dualidade das séries causais, e por outro lado aquele tipo de conjectura que geralmente consideramos ser uma hipótese causal em sentido estrito, atribuindo o fenômeno a uma única série causal. Talvez aqui possamos dizer que *tertium non datur*, embora não se trate do princípio do terceiro excluído – simplesmente porque ficamos reduzidos aos dois termos de uma alternativa em que a rejeição de um dos termos é equivalente à aceitação do restante.

Toda a argumentação aqui desenvolvida assenta no pressuposto de que o conceito de acaso, entendido como o resultado do encontro de cadeias causais independentes, pode ser legitimamente aplicado aos problemas da indução e da inferência causal. Poderia uma argumentação como esta ser totalmente livre de qualquer espécie de pressuposto? As interessantes análises de Foster assentam abertamente em outro pressuposto, o da necessidade natural objetiva: se a consistência passada não pode ser meramente acidental, alega ele, a explicação dessa consistência da repetição deve ser que o comportamento gravitacional dos corpos deriva de uma necessidade natural: os corpos se comportam gravitacionalmente "porque é uma lei da natureza" que assim se comportem. Esta "inferência explicativa" seria um caso de "inferência pela melhor explicação", postulando leis que não podem ser reduzidas a meras generalizações de fato, porque são formas de necessidade natural. É esta a solução que Foster propõe para o problema da indução, uma "solução nomológico-explicativa": hipóteses nomológicas como "há uma lei universalmente válida segundo a qual os corpos se comportam gravitacionalmente" são explicações melhores do que as outras explicações que são suas rivais.[14] Creio que qualquer solução possível do problema da indução, ou da *inferência* causal, que seja capaz de fundamentar solidamente a racionalidade destes procedimentos, terá de recorrer a alguma hipótese deste gênero.

Se aceitarmos que o primeiro e essencial passo para uma inferência não-dedutiva consiste na rejeição de uma hipótese de casualidade, precisaremos ter *algum* conceito do acaso, alguma concepção acerca do significado desse tipo de conjectura. O que queremos dizer exatamente quando recusamos qualquer alcance a uma conjunção de fenômenos, tacitamente aceitando que ela se deve ao acaso? Sugiro que o pressuposto mais simples e mínimo é a alternativa que se nos apresenta em nosso esquema conceitual, sem qualquer dependência ostensiva de qualquer teoria em particular, como a alternativa quântica, e que a adoção do modelo das séries causais é menos onerosa e mais parcimoniosa do que qualquer alternativa conhecida. E é uma alternativa que tem a vantagem suplementar de nos oferecer, talvez, algo ainda melhor do que um argumento pela melhor explicação.

Em qualquer argumento assente na noção de série causal, a eliminação de uma entre duas hipóteses equivale a dar

[14] Foster, J.A. *op. cit.*, p. 89-95.

sustentação à conjectura sobrevivente – num sentido restrito à competição entre hipóteses, uma espécie de sentido "abdutivo" que nunca poderia ser confundido com qualquer espécie de verificação positiva da hipótese. A verificação de uma hipótese só é possível se se aplicar a todos e cada um dos casos de que é afirmada. Qualquer generalização que seja incapaz de conduzir a tal resultado é uma hipótese indutiva estritamente inverificável. E a hipótese *causal*, na qual consiste a única alternativa à hipótese do acaso, *não* é de modo algum uma generalização indutiva, pois não consiste numa proposição universal, embora não seja mais verificável do que a outra espécie de hipótese.

No sentido aqui discutido, a hipótese causal é uma alternativa à do acaso, que consiste na conjectura de uma cadeia causal única, cadeia essa da qual a conjunção repetidamente observada é uma manifestação visível – sem acréscimo de qualquer proposição ou conclusão universal, ou de qualquer postulado de necessidade. Nada poderia legitimamente nos impor tais acréscimos. Dar preferência a uma conjectura causal sobre uma conjectura de fortuidade, ou hipótese de acaso, não equivale a qualquer enunciado implícito de que *todos* os fenômenos pertencentes à mesma classe ou conjunto de qualquer dos dois fenômenos cuja conjunção foi observada esteja sempre conjugado com um fenômeno pertencente ao outro conjunto, é simplesmente chegar à conclusão racional, ditada pela experiência repetida, de que a hipótese do acaso tem de ser descartada, e que portanto devemos preferir qualquer outra hipótese que esteja disponível. E basta analisar o conceito de acaso, a partir do argumento de Cournot, para descobrir que a única hipótese disponível, como explicação de uma dada conjunção, é que ela deriva de uma série causal única. E uma segunda conclusão que não podemos evitar é que, caso seja realmente essa a nossa situação cognitiva, nessas circunstâncias, então teremos de aceitar que esse tipo de ocorrência é explicado por uma hipótese causal.

Nesse sentido, uma inferência causal é uma inferência racional que, ao contrário da indução enumerativa no célebre argumento de Harman, é algo diferente de um simples exemplo particular da inferência pela melhor explicação. Neste último tipo de inferência, "infere-se, da premissa de que uma dada hipótese ofereceria uma 'melhor' explicação para a evidência presente do que qualquer outra hipótese, a conclusão de que a hipótese dada é verdadeira".[15] No nosso caso, a eliminação da hipótese do acaso nos deixa com uma única conjectura alternativa, sem qualquer necessidade de escolher entre diversas hipóteses ou de discutir qual é a melhor, simplesmente porque nosso pressuposto inicial oferece a conclusão causal como a única alternativa disponível.

Assim, o resultado *positivo* da experiência de conjunções repetidas é a validação daquela hipótese que contraria a hipótese do acaso: a conjectura de que uma dada conjunção de fenômenos deriva de uma única série ou sistema causal. E é importante enfatizar que este tipo de hipótese precisa ser distinguido daquele tipo de hipótese que tradicionalmente é rotulado como hipótese indutiva, ou inferência indutiva, ou simplesmente "indução". Dessa mesma tradição faz parte também o costume de identificar a inferência causal com a inferência indutiva, o que poderá ser legítimo em outros domínios mas não o é aqui: concluir que uma conjunção de fenômenos deriva de uma única cadeia causal é muito diferen-

[15] Harman, G. "The Inference to the Best Explanation". In: *Philosophical Review,* vol. 74, 1965 p. 88 e ss.

te, conforme vimos, de chegar à conclusão de que todos os fenômenos de uma das classes envolvidas são acompanhados por fenômenos da mesma classe do outro. Se definirmos a inferência causal como simplesmente aquela que conclui, a partir da experiência, que uma determinada conjunção não se deve ao acaso, e portanto deriva de uma única série causal e não de duas ou mais, nesse caso tal espécie de inferência não implica necessariamente, como vimos também, qualquer espécie de conclusão universal.

Quando uma longa repetição nos convence de que não é por acaso que dois fenômenos coincidem, concluir que tal não se deve a uma verdadeira coincidência, porque a conjunção é efeito de um único sistema causal, corresponde mais a um *minimalismo* epistemológico do que à conclusão indutiva de que *todos* os fenômenos da mesma classe do primeiro coincidem com fenômenos da mesma classe do segundo. Seja qual for a validade de tirar conclusões indutivas, há que reconhecer que o outro tipo de inferência, que é *apenas* causal (se assim admitirmos lhe chamar) era diferente pois afirmava menos do que o outro. A inferência causal aqui referida não leva em sua conclusão a que nos pronunciemos em termos universais ou necessários. Se os dois fenômenos envolvidos em nossa cadeia causal única estão ou não condenados a ocorrer sempre juntos é uma questão que pode permanecer entre parênteses – ou nem sequer precisa chegar a ser formulada.

O conteúdo de uma hipótese causal, no sentido aqui referido, já é suficiente para se distinguir de, e se opor à hipótese do acaso, a respeito de qualquer conjunção de fenômenos. Nada precisa ser dito quanto a qualquer suposta universalidade ou necessidade da relação causal. A inferência causal é simplesmente aquela que recusa atribuir ao acaso a ocorrência de uma determinada conjunção de fenômenos, e o faz de modo tão firme e nítido como a inferência indutiva correspondente. Ou por outras palavras: de cada vez que a partir de uma experiência repetida se opera uma inferência causal, aquilo que realmente é feito como operação racional, e passível de validação, é chegar à conclusão de que a conjunção sob exame deriva de uma cadeia causal única, em vez de chegar à conclusão indutiva e universal de que essa conjunção sempre ocorre em todos os casos.

Poderíamos, sem dúvida, argumentar que a concepção cournotiana do acaso assenta nos argumentos e teorias de filósofos anteriores, muitos dos quais interpretavam a inferência causal, ou a descoberta de leis causais, pelo menos tacitamente, em termos indutivos tradicionais. Mas este é um ponto de caráter histórico, interessante em si mesmo mas que estaria fora de lugar no presente contexto. Se a questão central diz respeito ao que legitimamente fazemos quando a repetição nos leva, em nosso comportamento cognitivo, a encarar uma dada conjunção como causalmente derivada e não meramente fortuita, certamente que nossa conclusão deve ter suas raízes em nossas disposições cognitivas – e talvez nosso recurso a Cournot pudesse ser complementado por uma teoria explicativa a respeito das disposições naturais que é forçoso que tenhamos, a fim de derivar da repetição experimentada essa atitude que nós e outros animais temos para com as conjunções que são objeto desse tipo de experiência, em contraste com aquelas conjunções que tratamos como se fossem devidas apenas ao acaso. No quadro geral de uma epistemologia naturalizada, esta teoria poderia ser uma sucessora do "costume ou hábito" de Hume, mas seria muito diferente do que este filósofo propôs, porque reconhecer a validade de nossas rejeições de conjecturas de casualidade, e das conclusões causais que se lhes seguem, exclui qualquer espécie de conceito de um "instinto de expectativa". Talvez um digno companheiro dos padrões inatos e irracionais de similaridade indutiva propostos por Quine[16] pudesse ser o conceito de uma espécie de estrutura neurocerebral, que dispararia automaticamente um "mecanismo inato de deflagração" que nos levaria a escolher entre a "ordem" e a "desordem", ou a "causação" e o "acaso", numa espécie de sistema binário. Mas tudo isto seria altamente especulativo, e deve ser deixado para os que forem capazes de forjar melhores conjecturas – talvez no domínio da ciência cognitiva.

Mas mesmo na ausência de um tal pano de fundo explicativo imaginário, creio que nossas escolhas cognitivas, excluindo o acaso e chegando a conclusões causais, devem ser concebidas como limitadas ao território minimalista da inferência causal, livre das ambições maximalistas da inferência indutiva. E devo insistir que, seja o que for que os sujeitos cognoscentes concretos julguem estar fazendo, sempre que extraem conclusões da experiência, aquilo que eles estão fazendo de maneira válida, sustentada e legítima é uma inferência causal, através da rejeição ou eliminação de uma conjectura de acaso, e não por generalização indutiva.

A pretensa universalidade das conclusões de inferências indutivas não deve ser confundida com a universalidade hipotética ou conjectural das leis da ciência. Popper é um dos mais impiedosos críticos da indução e para ele a indução por repetição não existe, mas ele não deixa por isso de entender a explicação causal como dependente da formulação de leis universais: "Oferecer a explicação causal de uma ocorrência equivale a deduzir um enunciado que a descreva, utilizando como premissas da dedução uma ou mais leis universais, juntamente com certos enunciados singulares, as condições

[16] Quine, W. *Ontological Relativity and Other Essays.* Nova York, Columbia University Press, 1969, p. 125 e ss.

iniciais". No entanto, estas leis universais são concebidas de um modo radicalmente anti-indutivista: "Não existe autêntica indução por repetição. O que parece ser indução é raciocínio hipotético, bem testado e bem corroborado e concordando com a razão e o senso comum". Ou em outros termos: as leis são "enunciados universais, ou seja, hipóteses com o caráter de leis universais".[17]

O caráter conjectural das leis é o que permite à filosofia popperiana permanecer coerente com sua integral aceitação da crítica de Hume às pretensões universalistas da indução. O conhecimento humano é sempre falível, e não existe qualquer garantia contra o erro. A universalidade das leis não é uma "virtude" que estas recebam de qualquer método racionalmente justificável, é apenas uma falível suposição que possui uma certa utilidade para a formulação do conhecimento científico. A causação, como conceito oposto ao de acaso, está livre de qualquer compromisso, ontológico ou epistemológico, com as pretensões da inferência indutiva.

Mais clara e nítida talvez seja a posição de Schlick, para o qual, num célebre ensaio de 1931, não há qualquer ambigüidade acerca de "hipóteses" que seriam ao mesmo tempo "enunciados". Quando rigorosamente examinadas, as leis da natureza não têm o caráter de enunciados, de proposições verdadeiras ou falsas: representam apenas "indicações" para a formação de enunciados. E a propósito da negação humeana da justificabilidade das "proposições gerais sobre a natureza", Schlick especifica que as leis da natureza não são "implicações gerais, porque não podem ser verificadas em todos os

[17] Popper, K. *The Logic of Scientific Discovery.* Londres, Hutchinson, 1974, p. 59-60; *Conjectures and Refutations.* Londres, Routledge and Kegan Paul, 1973, p. 98.

casos, mas são prescrições, normas de comportamento para o pesquisador se situar dentro da realidade, encontrar proposições verdadeiras e preparar-se para determinados acontecimentos". As proposições científicas muitas vezes são apenas "orientações para ações possíveis".[18]

A partir desta perspectiva, podemos admitir que o conceito cournotiano de série causal remete para algum conceito de lei da natureza, ou que pelo menos possui um caráter legiforme, sem com isso cairmos no problemático território indutivo das leis tomadas como proposições universais. Quando uma suficiente repetição, equivalente à não ocorrência dos fenômenos implicados por uma determinada conjectura de casualidade, refuta esta última hipótese, legitima-se a conclusão de uma inferência causal, como única hipótese restante, mas esta corresponde a uma "lei empírica" apenas no sentido minimalista de Schlick, sem qualquer compromisso, como vimos, com a chamada inferência indutiva.

A inferência causal distingue-se da indutiva, nos termos da presente análise, não apenas por sua prudência epistemológica, mas também porque esta "virtude" a torna imune à demolição pela crítica humeana. Renunciar à universalidade indutiva evita correr o risco de cair no círculo vicioso apontado por essa crítica, e possibilita candidatar-se a uma validação de impecável racionalidade: se há apenas duas hipóteses, a do acaso e a da causação, a refutação da primeira equivale a uma irresistível legitimação da segunda. Assim, a repetição assume um perfil e um papel que fica a grande distância do plano da "solução psicológica" para onde Popper pretende

[18] Schlick, M. "Causality in Contemporary Physics". In: Mulder, H.L. & Velde-Schlick, B.F.B. Van de. (eds.). *Philosophical Papers*. Vol. 2. Trad. de P. Heath. Dordrecht, Reidel, 1979, p. 197.

desterrar a inferência indutiva. A repetição deixa de ser uma sempre fracassada candidata a instrumento de uma inalcançável confirmação. É um instrumento decisivo na eliminação de conjecturas de acaso, levando com sucesso à legitimação de hipóteses, inferências e conclusões causais. E em termos tais que se torna desnecessária e implausível qualquer sugestão de que no limite se possa tratar de um processo irracional. O processo pode ter algumas raízes de caráter pré-racional – afinal, a "irracionalidade bruta" atribuída por Quine a nossos padrões inatos de similaridade indutiva (que talvez devesse ser chamada similaridade *causal*) já sugere a noção de que, como metaforicamente diz esse filósofo, toda ciência está "podre até ao miolo".[19] Mas a racionalidade da eliminação das hipóteses de casualidade pela repetição não merece ser posta em dúvida, e a racionalidade da conseqüente opção pela única hipótese restante é simplesmente a racionalidade da dedução.

O conhecimento que derivamos da observação e da experiência é racional na medida em que se mantém dentro dos limites do falibilismo, e em que renuncia a constituir-se como um outro domínio lógico a ombrear com o da dedução. O conhecimento "experimental", tanto científico quanto comum, constrói-se a partir de inferências causais, por sua vez construídas a partir da repetição, a cada vez que a conjunção de dois fenômenos é tão constante que nos leva a rejeitar racionalmente a hipótese do acaso e a considerar estabelecida a hipótese contrária, a de sua produção por um único sistema causal. O processo da inferência causal não é portanto correspondente a um "método indutivo" que viria a ser a contrapartida do raciocínio dedutivo, na medida em que se trata de um processo de escolha entre hipóteses racionais –

[19] Quine, W. *Ontological Relativity and Other Essays*, p. 125 e 133.

embora não exatamente o mesmo, como vimos, que uma inferência pela melhor explicação. Bem ao gosto popperiano – mas de uma maneira que nos impede de acreditar que os problemas da inferência não-dedutiva possam ser tratados em termos de uma alternativa entre um "problema lógico" e um "problema psicológico" acerca da indução.

Contra Popper, creio ser necessário reconhecer o papel fundamental da repetição na formação do conhecimento humano. Não é possível, sem dúvida, legitimar alguma coisa como uma "indução por repetição",[20] mas impõe-se admitir a dignidade epistêmica e a racionalidade da inferência causal por repetição. Um tipo de inferência que pode ser validado em sua qualidade de melhor explicação dos fenômenos – ou coisa melhor do que isso – nos casos em que se aplica, e que além disso constitui para nossas predições um fundamento menos duvidoso do que a inferência indutiva.

Este papel "falsificacionista" da repetição no conhecimento, por outro lado, parece-me imune às críticas "holísticas" ao papel da refutação. Creio que devemos concluir com Quine, e na esteira de Duhem, que o conhecimento humano deve ser entendido em termos holísticos, como um conjunto de convicções que "toca na experiência só na periferia" e onde "existe uma grande latitude de escolha quanto a quais resultados devemos reavaliar à luz de uma só experiência contrária",[21] isto é, quais as proposições que devemos considerar descartadas pela experiência. Mas este e outros aspectos da "tese de Duhem-Quine" aplicam-se sobretudo aos enunciados pertencentes aos diversos corpos organizados da ciência.

---

[20] Popper, K. *Objective Knowledge,* p. 7 e 94-6.

[21] Quine, W. *From a Logical Point of View.* Cambridge, Ma., Harvard Unversity Press, 1964, p. 42-3.

Se a totalidade da ciência é, na metáfora quineana, "como um campo de forças que tem na experiência suas condições limite", não devemos ignorar que a simples rejeição de uma conjectura de casualidade é praticamente equivalente a um "conflito com a experiência na periferia", onde é menos sentida a necessidade de reconstruir.[22] A máxima quineana de "mutilação mínima"[23] exige que se mude muito pouco, ou praticamente nada de importante no campo total, a cada vez que se elimina uma hipótese de fortuidade. Por outro lado, a eliminação de uma hipótese de acaso difere da rejeição das simples leis causais, de um ponto de vista holístico, na medida em que só no segundo caso temos um enunciado cuja derrocada pode envolver vários outros, deixando-nos portanto hesitantes, e com boas razões para tal, quanto ao que exatamente devemos pôr de lado. Quando uma dada conjunção de fenômenos faz sentido para nós como um exemplo de acaso, o que temos nesse fugaz instante é uma convicção relativamente isolada, que pode ser eliminada sem arrastar consigo seja o que for digno de nota. Não é que a rejeição de cada hipótese de acaso seja operada "fora do sistema", é simplesmente que ela está tão perto da periferia do campo como é possível que esteja, e é uma eliminação muito mais fácil de fazer, uma decisão cognitiva muito mais tranqüila.

Se nosso holismo só pode ser *moderado*, na expressão do Quine mais recente, é forçoso reconhecer que ele pouco se aplica, na prática cognitiva, à eliminação deste peculiar tipo de hipótese. O holismo se aplica integralmente quando uma *constelação* de sentenças é refutada por um experimento, e

---

[22] Quine, W. "Two Dogmas in Retrospect." In: *Canadian Journal of Philosophy*, vol. 21, 1991, p. 269-70.

[23] *Id., ibidem.*

nessa pequena totalidade podemos "resolver a crise revogando uma ou mais das sentenças dessa constelação". As conjecturas de casualidade estão constantemente presentes em nosso horizonte epistêmico, e não é necessário que cheguem propriamente a "fazer sistema" com o resto de nossos conhecimentos. Tipicamente, elas não são solidárias com grupos de convicções de maneira a nos tornar difícil sacrificá-las, com receio de eliminar os grupos a que pertencem.

Se é certo que em nossos procedimentos holísticos decidimos por vezes não eliminar uma convicção anterior, pois tal rejeição iria "reverberar" excessivamente no conjunto de nosso conhecimento, e por estarmos limitados por uma máxima de mutilação mínima, por outro lado devemos reconhecer também que as conjecturas de casualidade encontram-se situadas no outro extremo do espectro – um espectro que devemos conceber como um contínuo, sem qualquer demarcação nítida no meio, mas que mesmo assim deixa margem para importantes diferenças a esse respeito. E essa mesma máxima nos permite eliminar com relativa facilidade as hipóteses que são desacreditadas pela experiência da repetição, pois a mutilação produzida por essas eliminações, no corpo total de nossos conhecimentos, é demasiado pequena para que mereça ser sistematicamente levada em conta.

Quando atribuímos ao acaso uma determinada conjunção de fenômenos, não apenas duvidamos de que essa atribuição constitua uma explicação digna desse nome, como além disso nos encontramos numa situação de impossibilidade de predizer futuras ocorrências de conjunções entre fenômenos pertencentes às mesmas espécies. Mas a partir do momento em que uma repetição é suficiente para descartar a hipótese de que essa conjunção se deu por simples acaso, a convicção daí tacitamente emergente, de que essa conjunção e as outras semelhantes que constatamos derivaram de um único sistema ou série causal, e não do encontro fortuito de séries causais independentes, é uma convicção que seria irracional pretender que não constitui uma *boa razão*: uma boa razão para esperar e prever que o próximo fenômeno pertencente a uma das espécies envolvidas seja acompanhado por um fenômeno pertencente à outra espécie. Porque nosso conceito tácito de uma cadeia ou sistema causal é precisamente o de um processo natural recorrente, do qual simplesmente não sabemos se tem caráter necessário ou não, e que é formado por pares de fenômenos análogos aos observados. E seria absurdo acreditar, por exemplo, que o mundo em que vivemos é atravessado por um sistema causal formado pelos fenômenos *X* e *Y* e ao mesmo tempo não acreditar que o mais plausível é que o próximo *X* seja acompanhado por um *Y*.

Nada disso implica que nossa expectativa racional deva ser a de que todos os *X* futuros sejam acompanhados por fenômenos como *Y* – esta seria uma expectativa indutiva, que já vimos não poder ser considerada racionalmente justificada. Pode evidentemente ocorrer que em muitas situações concretas se tenha precisamente essa expectativa indutiva, mas essa é uma questão de fato e o que aqui nos ocupa é uma questão *de jure*, de direito à pretensão de racionalidade que algumas proposições e atitudes podem ter ou não ter. E o que é racional é a expectativa causal que evita tentar abranger uma universalidade para a qual tem os braços curtos, para não cair nas ilusões daquela que não os tem mais longos e é a expectativa indutiva. Dentro do quadro falibilista traçado pelo raciocínio causal não indutivo, há lugar para que se proceda a uma predição cuidadosa e prudente, tingida por um saudável e moderado "ceticismo".

Oferecer um lugar, e um lugar fundamental, às inferências derivadas da repetição, não equivale a exilar o conhecimento humano no território da irracionalidade. Se algum passo pode ser apontado como irracional, é apenas o passo indutivo e "maximalista" que consiste em postular uma regularidade universal em casos onde só é legítimo afirmar a ação de séries causais agindo isoladamente, deixando entre parênteses qualquer tentação de responder ao irrespondível ou de resolver o insolúvel. Se alguma coisa no processo de conhecimento do mundo deve ser remetida para a psicologia é precisamente a ilusão indutiva, a pretensão a inalcançáveis verdades universais. Mas a inferência causal minimalista, a única legítima e justificável, em nada nos convida a nos esforçarmos por explicá-la em termos psicológicos. Não menos do que outras das faces da racionalidade humana, ela pertence à ordem da razão – no caso, uma razão conjecturante.

Creio que esta capacidade cognitiva deve ser considerada uma virtude intelectual, no sentido de Sosa, como "uma disposição estável para a aquisição de crenças", e certamente uma virtude falível, quer lhe chamemos ou não "razão ampliativa".[24] É uma capacidade para emitir "outputs" verdadeiros a partir de "inputs" verdadeiros (p. 10) – algo que uma razão indutiva jamais poderia ser, pois seus "outputs" não são verdadeiros nem falsos, são simplesmente inválidos. Falar aqui de uma razão conjecturante é apenas sugerir que a inferência causal é obra da capacidade humana de raciocinar para resolver os problemas de decisão entre conjecturas rivais. E se a racionalidade consiste no uso adequado da razão para proceder às melhores escolhas, segue-se que a inferência causal, optando pela melhor solução entre a hipótese do acaso e a da causação, deve ser reconhecida como um claro exemplo de racionalidade.

---

[24] Sosa, E. *Knowledge in Perspective,* p. 189.

7

INDUÇÃO: RESPOSTAS DARWINIANAS

I

Uma resposta a um problema se distingue de uma solução por sua relativa modéstia: não se pretende tornar inútil continuar discutindo o problema, como no resultado da solução de um problema como o da relação entre a hipotenusa e os catetos de um triângulo, mas ainda assim propor uma resposta equivale a confiar que se pode colocar um problema num patamar mais compreensível, menos misterioso do que antes. Uma justificação da indução seria uma solução do problema da indução, e desde que Hume mostrou, como geralmente se acredita, que não pode haver uma justificação lógica da indução, diversos filósofos produziram teorias que, sem pretenderem um claro estatuto lógico, se apresentaram como outros tipos de solução do problema[1] – solução pragmática,

[1] Uma boa visão do conjunto das soluções propostas está em Swinburne, R. (ed.). *The Justification of Induction.* Oxford, Oxford University Press, 1974.

solução praticalista, solução predicionista, e até mesmo uma solução indutiva da indução contam-se entre as mais famosas propostas de justificação da indução.

À objeção possível de que uma resposta é algo que se propõe mais propriamente como reação a uma *pergunta*, e não a um problema, responderei que com o maior prazer reconheço que esse termo pode ser até mais adequado. Não é verdade que o que pelo menos desde o século XVIII preocupa os filósofos pode ser considerado a *pergunta* pelas raízes da indução e a natureza dessas raízes? De modo que deixo ao amável leitor a escolha que preferir: aceitar que a um problema se possa também, em algum sentido, dar uma resposta, ou aceitar apenas ser possível procurar encontrar uma resposta para a pergunta pelas raízes da indução.

Uma resposta ao problema da indução, ou à pergunta sobre a indução, entendida como distinta de uma solução do problema, pode ser concebida como uma teoria que, sem pretender resolver esse velho problema filosófico, consiga colocá-lo em um novo patamar, tornando compreensível o que antes era misterioso, através de uma perspectiva que, embora ela mesma seja nova, se revele capaz de englobar todos os aspectos centrais das perspectivas anteriores – e talvez também capaz de mostrar que simplesmente não há lugar para uma solução, no sentido tradicional. Creio ser possível dar essa nova resposta, ou conjunto de respostas, ao problema da indução, ou à pergunta pela indução, sem a pretensão de apresentar soluções, a partir da perspectiva darwiniana – que em si mesma já tem mais de um século, mas cuja aplicação neste campo pode talvez fazer surgir novas respostas para o caso da indução.

A questão da indução pode ser dividida em um sem número de aspectos, dos quais vou destacar três, a cada um dos quais pode ser dada uma resposta. O primeiro diz respeito à constituição das espécies de fenômenos (ou "objetos e eventos", diria Hume) em relação aos quais se chega a conclusões indutivas. Se uma destas conclusões é, por exemplo, que "o fogo produz calor", uma questão preliminar é saber quais os fenômenos que designamos por cada um dos dois termos, "fogo" e "calor". Para observarmos repetições é preciso haver algo em comum entre o primeiro fenômeno e aquele que consideramos ser sua repetição. O fogo, ou melhor, os fogos, são um conjunto de fenômenos que agrupamos em função da similaridade ou semelhança entre os episódios individuais que para nós constituem todo o conjunto dos fogos. Mas qual o critério de similaridade de que dispomos para estabelecer essa primeira condição da própria possibilidade do raciocínio indutivo, que é a existência de conjuntos nitidamente delineados de fenômenos, distintos dos outros fenômenos que encontramos em nossa experiência?

II

A elaboração de uma primeira resposta darwiniana a um dos problemas da indução foi realizada há algumas décadas pelo grande filósofo, recentemente falecido, que foi Willard Quine. Quine dirige-se diretamente ao problema do critério de similaridade a partir do qual se constituem as espécies de fenômenos que são objeto de raciocínio indutivo. Para Quine, a capacidade de indução é um instrumento de sobrevivência entre outros, e tal como estes constitui uma forma de adaptação ao mundo, que foi preservada pela seleção natural, em sentido darwiniano, a longo da evolução das espécies. As espécies incapazes de induções acertadas têm o "mérito", diz Quine ironicamente, de se deixarem eliminar pela seleção natural.[2] O aspecto da competência indutiva da espécie humana, além de outras espécies animais, que para Quine pode ser explicado pela seleção natural darwiniana, é o "padrão inato de similaridade" a partir do qual se constroem as inferências indutivas.[3]

Esse padrão nos leva a tomar como similares, por exemplo, formas quadradas e formas retangulares, e não formas quadradas e formas circulares. Não há para isso qualquer justificação lógico-matemática. Se podemos dizer que o retângulo se assemelha ao quadrado por ter quatro lados ou quatro ângulos, também se pode replicar que o círculo se assemelha ao quadrado porque em ambos se podem inscrever dois segmentos de reta iguais e perpendiculares, formando quatro ângulos retos, enquanto que em nenhum retângulo é possível fazer tal coisa. Porque se os segmentos forem iguais, tirados a partir dos ângulos, o resultado será um par de ângulos obtusos e um par de ângulos agudos, e não quatro retos; e para obter uma cruz formando quatro ângulos retos será preciso traçar dois segmentos de reta perpendiculares mas diferentes. De modo que à luz da geometria as similaridades aqui em causa, a similaridade entre o quadrado e o retângulo e a similaridade entre o quadrado e o círculo, podem ambas ser legitimamente afirmadas, cada uma de seu ponto de vista, e não existe critério para escolher apenas uma delas.

---

[2] "Creatures inveterately wrong in their inductions have a pathetic but praiseworthy tendency to die before reproducing their kind". In: Quine, W. *Ontological Relativity and Other Essays*. Nova York/Londres, Columbia University Press, 1969, p. 126.

[3] *Id., ibid.*, p. 124.

Experiências realizadas em laboratórios de psicologia revelam que a grande maioria das pessoas tende a usar o padrão que assimila o quadrado ao rectângulo e não ao círculo. Por que razões? A melhor teoria proposta até hoje é que tal se deve ao fato de nosso padrão dominante ser aquele que permite construir conjuntos que permitem melhores induções do que no caso contrário. Quine não dá exemplos, mas podemos imaginar que alguma espécie de pré-hominídeos, ou outra ainda mais antiga, que tivesse um padrão de similaridade assimilando, digamos, pedras cúbicas a pedras esféricas, e não pedras cúbicas a paralelipípedos, não conseguiria fazer inferências indutivas capazes de manipular eficazmente quaisquer elementos ligados a sua sobrevivência, em qualquer ambiente onde se situasse seu nicho ecológico. Esta é uma resposta darwiniana ao primeiro problema da indução. Perante esta explicação darwiniana, é inútil procurar argumentos matemáticos para explicar nossos padrões de similaridade. A decisão foi tomada pela natureza, sem dar tempo a qualquer intervenção da razão.

III

Mas na construção de nossas induções é importante também que haja, pelo menos em certas circunstâncias, uma experiência de *repetição*. De onde vem esta nossa especial sensibilidade à repetição das conjunções de fenômenos, que nos faz passar a esperar que ao aparecimento de um dos fenômenos repetidamente conjugados se siga o aparecimento do outro? Hume mostrou que a origem dessa capacidade não poderia nunca estar na razão, pois esta faculdade humana é sempre indiferente à repetição.[4] Em geometria, por exemplo, a soma dos ângulos internos de um triângulo obviamente não foi estabelecida medindo repetidamente esses ângulos, numa longa série de triângulos – seria absurda tal suposição. Essa verdade matemática foi estabelecida, como diria Hume, "a partir de um só triângulo" ou seja, do triângulo tomado abstratamente, sendo despropositada qualquer idéia de um papel da repetição da experiência neste processo de descoberta. Por isso Hume atribui essa nossa sensibilidade à repetição ao que chama "costume ou hábito",[5] um princípio da natureza humana completamente diferente da razão demonstrativa que vemos operar na geometria e nas outras ciências matemáticas.

Para Hume, a origem deste princípio, um "instinto ou tendência mecânica" inato na natureza humana, reside naquilo que chama uma "sabedoria da natureza"[6] ou "um sistema, uma ordem, uma economia das coisas",[7] metáforas pelas quais indica a ação da natureza ao preservar os seres com capacidades suficientes para a sobrevivência – prolongando uma linha de pensamento que vem desde o naturalismo grego de Epicuro e Demócrito. Ou seja, metáforas que apontam, como procurei mostrar em outro lugar, uma explicação de nossa

---

[4] Hume, D. *An Enquiry concerning Human Understanding* (EHU). Ed. de Tom L. Beauchamp. Oxford, Oxford University Press, 1999, 5.1.5, p. 121.

[5] "As conclusões que (a razão) tira quando considera um único círculo são as mesmas que ela formaria depois de examinar todos os círculos do universo" *(ibidem).*

[6] EHU 5.2.22, p. 130.

[7] Hume, D. *Dialogues concerning Natural Religion.* Ed. de Stanley Tweyman. Londres/Nova York, Routledge, 1991, parte 8, p. 144.

capacidade indutiva por processos naturais, constituindo uma espécie de antecipação da seleção natural darwiniana.[8]

De certa maneira anacrônica, neste ponto é como se Hume complementasse Quine, dando uma resposta ao segundo problema da indução. Quine explicou um primeiro momento do processo indutivo, o agrupamento em classes dos objetos naturais considerados suficientemente similares entre si para tal, pela influência determinante da seleção natural darwiniana. Hume explica o momento logicamente seguinte, o momento no qual nossa natural sensibilidade à repetição das conjunções de fenômenos (que em termos quineanos estão agrupados e classificados por nossos padrões inatos de similaridade), é considerada um instinto derivado da economia da natureza, que elimina os seres destituídos de capacidades adequadas à sobrevivência – por exemplo, espécies que procurassem descobrir as causas na natureza pelo uso da razão dedutiva, ou então, alternativamente mas com os mesmos desastrosos resultados, espécies com tendência para tirar conclusões indutivas de toda e qualquer conjunção isolada.[9] A sensibilidade à repetição de conjunções é uma propensão que hoje podemos explicar, numa linha teórica que é a continuação da humeana, nos mesmos termos que estes padrões: como uma capacidade inata de grande valor adaptativo, pre-

---

[8] Ver meu *Hume e a Epistemologia*, ensaio 4 ("Indução e Seleção Natural"). Lisboa, Imprensa Nacional, 1984, p. 109 e ss.

[9] Para Hume é bem claro que às vezes é possível fazer inferências causais a partir de conjunções singulares, mas só em circunstâncias especiais. Ver o ensaio 3 deste volume, e também meus "Hume on Singular Experiences". In: *Manuscrito,* vol. XX, nº 2, Campinas, 1997 e "Hume, Induction and Single Experiments". In: *Grazer Philosophische Studien*, vol. 56, Graz, 1999.

servada pela seleção natural darwiniana ao longo da evolução das espécies.

Esta explicação é uma resposta ao problema da indução causal, embora não seja uma solução. É este o sentido que devemos atribuir, segundo creio, ao fato de Hume lhe dar o nome de "solução cética", no título que escolheu para a Seção 5 da *Investigação sobre o Entendimento Humano,* logo a seguir a ter descoberto aquele problema na seção 4, intitulada "Dúvidas Céticas acerca das Operações do Entendimento". Uma solução não cética só poderia vir da descoberta de algum "termo médio" que, aliado à premissa menor derivada da observação de uma conjunção repetida, permitiria a conclusão lógica e sólida de que tal conjunção continuaria se verificando até ao fim dos tempos. Hume é famoso por sua descoberta de que esse termo médio, que só poderia ser algo como "o futuro será igual ao passado" (ou "a natureza é uniforme") seria sempre inválido, porque implica forçosamente um círculo vicioso: ele mesmo nunca poderia ser obtido senão empiricamente, a partir das conclusões que se pretende, indevidamente, fundamentar nessa mesma premissa. Hume apresenta o que chama uma solução cética, que na realidade é uma explicação por um princípio da natureza humana, e este princípio é por sua vez explicado pela sabedoria da natureza, sem justificar logicamente a conclusão – por isso a solução é cética. Mas ela só é cética em relação à crença histórica dos filósofos de seu tempo, tanto lockeanos como leibnizianos, de que a solução deveria ser da ordem da razão dedutiva – o que depois passou a ser chamado uma solução "lógica". Alternativamente, podemos dizer que Hume, embora não tenha apresentado uma solução plena ao problema que ele próprio descobriu, lhe deu uma resposta – e uma resposta darwiniana *avant la lettre* que não há razão para deixar de considerar plenamente satisfatória, porque torna compreensível todo o processo. Foi portanto aquele mesmo filósofo que descobriu o problema da indução causal o autor daquilo que aqui aparece como a segunda resposta às perguntas pela indução.

IV

Essa sensibilidade à repetição nos leva a deixar de tratar como meramente casuais ou fortuitas as conjunções que encontramos na experiência um número suficiente de vezes – um número que ninguém sabe determinar qual é exatamente, nem caso a caso, nem em termos gerais, mas que ninguém pode recusar ser um número para além do qual nos é impossível resistir à tendência para eliminar qualquer hipótese de que uma conjunção tão repetida seja meramente acidental. Nesse caso o conceito dessa disposição natural não pode deixar de incluir uma noção implícita de *proporção*. Que proporção? Naturalmente a proporção entre esse número e a *ordem causal do mundo*.

Qualquer concepção desta ordem será inevitavelmente ditada por um ou outro postulado de caráter metafísico. Postulemos assim, assumindo esta dimensão metafísica sem nela insistir, que esta ordem é constituída pelas séries causais realmente existentes no universo, e que a "circulação" de cada uma dessas séries em meio ao acaso (constituído, se aceitarmos Cournot, pelo conjunto dos encontros fortuitos entre séries causais, encontros que portanto não podem ser subsumidos como casos particulares de qualquer série causal)[10]

[10] Cournot, A. *Exposition de la Théorie des Chances et des Probabilités* V, 45. Paris, Hachette, 1843, p. 82.

possui uma determinada frequência. A capacidade inferencial relativa a essas séries é uma forma de sagacidade capaz de uma espécie de "cálculo tácito" de cada frequência. Todo indivíduo racional conclui que um dado está viciado (impregnado de causalidade da maneira "errada") ao fim de trinta lances, ou menos, ao mesmo tempo que suspende seu juízo se só saiu ímpar duas ou três vezes – nossa racionalidade inclui um sentido inato daquela proporção que deve existir entre a evidência e a crença causal, sendo a evidência neste caso o número de repetições num certo caso, e a proporção aquela que se verifica entre esse número e aquele que podemos tomar como sinal de uma cadeia causal ou regularidade natural.

Qual é essa proporção? Ninguém sabe, mas o que temos obrigação de reconhecer é que todos somos capazes de uma espécie de "cálculo instintivo" que a estabelece e verifica caso a caso. Caso contrário, nenhum de nós estaria aqui para discutir o problema da indução, ou o da relação entre crença e evidência, ou fosse o que fosse. Como diria Hume se tivesse nascido depois de Darwin: nosso sentido inato de proporção, tal como o sentido inato de similaridade postulado por Quine, e tal como a sensibilidade à repetição de conjunções chamada "hábito", foi "escolhido" pela seleção natural através da evolução das espécies, como um mecanismo cognitivo indispensável a nossa sobrevivência.

Nossa racionalidade é um conjunto de capacidades que contribuem para essa sobrevivência. Sob diversas formas, o sentido da proporção entre a evidência disponível e as crenças causais é um dos aspectos centrais dessa racionalidade.[11]

[11] "A wise man (...) proportions his belief to the evidence". EHU 10.1.4, p. 170. Ver o ensaio 5 deste volume.

E a sensibilidade à repetição de conjunções é essencialmente um dos aspectos da *razão*, no sentido ampliado que hoje sabemos ela merecer – permanecendo com plena validade a descoberta humeana de que as inferências causais não derivam da razão no sentido que estava ao seu alcance em sua época, o de uma razão demonstrativa ou dedutiva. Esse aspecto é a faculdade racional de derivar conclusões causais a partir de conjunções repetidas, ou de conjunções singulares derivadas de estruturas complexas por sua vez construídas a partir de outras conjunções repetidas. Um aspecto não menos racional do que as capacidades lógicas e matemáticas que constituem aquela face da razão que há mais tempo é reconhecida por todos.

A ordem causal do mundo pode ser encarada aproximadamente nos mesmos termos em que Jacques Monod encarou aquela parte dessa ordem causal que é constituída pelo domínio da vida: como um misto de acaso e necessidade.[12] As cadeias causais que atravessam o mundo em que vivemos formam como que uma rede de "necessidade", entre cujas malhas se estende o território misterioso do acaso, e a ordem causal do mundo estabelece uma proporção entre cada cadeia causal e a frequência do surgimento das conjunções que a manifestam na experiência média dos organismos cognitivos que povoam o mundo, e cuja sobrevivência depende em boa parte da capacidade de interpretar as repetições que experimenta, como autênticos sinais da realidade das cadeias causais.

Talvez devamos dizer, não apenas que ninguém sabe qual é a frequência exata que deve ser tomada como sinal claro de uma relação nômica, ou regularidade natural, quer em

[12] Monod, J. *Le Hasard et la Nécessité*. Paris, Seuil, 1970.

geral quer para cada caso, mas também que simplesmente não existem tais quantidades exatas, precisamente porque a ordem do mundo é feita de ilhas de necessidade em meio a um oceano de casualidades. Simplesmente não sabemos se essas frequências tiveram ou não variações, ao longo do tempo – apenas sabemos que a melhor teoria neste caso é que algumas leis físicas e biológicas têm mantido uma regularidade suficiente para se deixarem captar pelos sujeitos humanos e animais que dependem para sua sobrevivência da capacidade de fazer previsões acertadas dos fenômenos causais constitutivos dessas leis.

Neste terceiro plano do problema da indução também não encontramos uma solução, que além de ser lógica seria também matemática, caso se pudesse ter determinado o número de repetições suficientes para justificar que de uma série de conjunções se extraísse uma previsão de futuro. Mas encontramos uma resposta darwiniana, que ao mesmo tempo que constitui uma explicação do mecanismo da indução causal talvez possa também pretender-se que *justifica* nossa confiança em nossos "métodos indutivos". Tal como diz Quine em sua resposta ao primeiro de nossos três problemas, o da similaridade, nossos padrões inatos "vão ao correr do pêlo da natureza",[13] e por isso é racional considerá-los *confiáveis,* embora não de modo absoluto e sem limites.

Minha sugestão aqui é que nossa espécie, tal como muitas outras espécies animais, possui um padrão inato do número de repetições que deve ser tomado como "sinal" da presença de uma série causal ou regularidade natural – um padrão que foi preservado fundamentalmente do mesmo

---

[13] Quine, W. *The Roots of Reference.* La Salle, Open Court, 1973, p. 19.

modo que o padrão quineano de similaridade perceptual: pela eliminação por seleção natural, ao longo da evolução, das espécies destituídas de padrões adequadamente adaptados à natureza. As espécies cujo padrão inato as levasse a tirar uma conclusão precipitada logo ao fim de três repetições, se tais espécies tivessem existido, fariam induções errôneas porque demasiado apressadas. As espécies cujos padrões inatos só lhes permitissem chegar a uma conclusão ao fim de um extensíssimo número de repetições teriam o "mérito" de serem eliminadas pela excessiva demora em tirar conclusões indutivas. Por isso as espécies existentes, pelo fato de serem as sobreviventes, possuem padrões inatos relativos ao número de repetições – além da sensibilidade à repetição de conjunções capaz de eliminar a hipótese do acaso,[14] e além dos padrões adequados de similaridade perceptual – que também sob o aspecto quantitativo correspondem a formas adaptativas, proporcionais à frequência efetiva das cadeias causais que ocorre na realidade que nos rodeia, constituindo-se como eficazes mecanismos de sobrevivência no mundo natural onde se jogou e continua jogando nossa sobrevivência.

Como vemos, há um triplo problema da indução – ou múltiplo, se entrarmos em linha de conta, por um lado, com os variados aspectos da indução eliminativa, em Stuart Mill e outros, e por outro lado com o problema da inferência do singular discutida em meus trabalhos citados na nota 9[15] –

---

[14] Sobre este assunto, ver o ensaio 6 deste volume.

[15] Limito-me aqui a lembrar que a capacidade de tirar conclusões indutivas de uma conjunção singular também poderia ser analisada em termos darwinistas, porque a "economia" assim permitida, evitando um número enorme de observações repetidas, tem manifestas vantagens adaptativas, e também tenderia a ser preservada pela seleção natural.

aspectos que foram aqui deliberadamente deixados de lado. Para o segundo desses problemas, o único no qual Hume apontou um grave problema filosófico, foram baldadamente procuradas várias formas de solução. Mas a impossibilidade de solução para o segundo problema não é mais surpreendente do que se tivesse sido proposta uma questão análoga para os outros dois. Ou seja, se alguém pretendesse ter encontrado, ou pelo menos se esforçasse por procurar, alguma *solução* para o problema indutivo (ou pré-indutivo, se se preferir) da similaridade, ou alguma *solução* para o problema de saber qual é o número de repetições de conjunções que, em geral ou caso a caso, é necessário para "justificar" uma inferência causal. Coisas que manifestamente nem foram nem faria muito sentido serem procuradas.

Como vimos, o primeiro e terceiro problemas puderam receber respostas darwinianas, tal como o segundo problema o pôde também, de um modo que julgo tornar esses problemas mais inteligíveis e até oferecerem para eles respostas satisfatórias. Se no primeiro e terceiro casos a insistência na necessidade de uma solução, por se encontrar em nível "superior" ao de uma simples resposta, seria patentemente absurda, acho que podemos considerar razoável que o segundo problema, o problema "clássico", possa ser considerado suficientemente respondido pela resposta darwiniana encontrada – não mais, mas também não menos, do que os outros dois. As três respostas encontradas convergem para a conclusão de que simplesmente não há lugar para, nem faz sentido procurar, qualquer solução no sentido tradicional. A verdadeira "solução" – com quantas aspas se preferir – é dada, segundo espero, pelas respostas darwinianas aqui apresentadas.

8

HUME E A TRIVIAL DIFERENÇA

I

Para analisar o tema das virtudes femininas numa filosofia complexa como a de Hume, é preciso começar pelo exame da estrutura em que esse tema se insere. A explicação humeana do cunho peculiar de que se revestem algumas dessas virtudes é uma das muitas que constituem sua teoria da natureza humana. No *Tratado da Natureza Humana*, esta natureza é primeiro examinada em sua dimensão cognitiva, no livro I, sobre o Entendimento, ou seja, sobre a capacidade de apreensão racional do mundo que nesta filosofia vem substituir a clássica razão dedutiva. Em segundo lugar, é estudada a maneira pela qual essa natureza torna-se instrumento de ação, no livro II, acerca das Paixões – paixões como o desejo e o orgulho, o ódio e a humildade – em sua relação com a imaginação. O livro III e último é dedicado aos temas da Moral, num sentido alargado deste termo, que abrange um amplo leque, desde os sentimentos morais até as regras da justiça, incluindo instituições como a propriedade privada e o Estado.

Na filosofia de Hume, os sentimentos morais, tanto os que se tem em face das chamadas virtudes femininas quanto quaisquer outros, não fazem, a rigor, parte daquela natureza que é espontaneamente própria da espécie humana. A filosofia de Hume é inteiramente explícita a tal respeito: essa natureza tem somente duas "partes principais", as paixões e o entendimento,[1] e os sentimentos morais distinguem-se nitidamente das paixões. Como tudo na vida das pessoas, o surgimento desses sentimentos depende dos princípios fundamentais da natureza dos homens e das mulheres – a mesma, aliás, nos dois gêneros, sem que Hume tenha jamais sugerido qualquer diferença relevante entre ambos. Mas esses sentimentos surgem apenas em função da situação *social* em que os homens e as mulheres sempre se encontram, em todos os tempos e lugares.

Os *juízos* morais, de aprovação ou censura da conduta humana, exprimem sentimentos que, sem dúvida, brotam naturalmente dos princípios da natureza que é própria de nossa espécie, mas apenas devido ao fato de vivermos em sociedade. Que esta espécie é incapaz de viver sem sociedade é uma das teses humeanas mais centrais. Escreve o filósofo num de seus *Ensaios:* "Nascido em uma família, o homem é obrigado a manter a sociedade, por necessidade, por inclinação natural e por hábito".[2] Não haveria aqui oportunidade para analisar o sentido dessa "necessidade" e dos outros aspectos dessa "condenação à vida social" que é própria da condição

---

1 Hume, D. *A Treatise of Human Nature* (THN). Ed. de L.A. Selby-Bigge e rev. de P.H. Nidditch. Oxford, Clarendon Press, 1978, 2ª ed., III, ii, 2, 493.

2 *Idem. Essays Moral, Political, and Literary*. In: *Philosophical Works*. Vol. III. Darmstadt, Scientia Verlag Aalen, 1964, p. 113.

humana.[3] Limito-me a assinalar que, para esse filósofo, a humanidade é espontaneamente levada pela força das circunstâncias a viver em sociedade, e não na solidão. E que a preservação dos grupos sociais humanos, e portanto a da própria espécie, depende da observância de certas *regras morais.*

A sobrevivência das sociedades humanas depende de certas regras fundamentais, entre as quais, tranqüilizemo-nos, não se contam as virtudes das mulheres ou dos homens. Não seria por um pouco de pecado que iria acabar o mundo social. Mas para Hume as regras da *justiça* são daquelas cuja ausência levaria à entredestruição dos membros de qualquer sociedade, na luta fratricida pela posse dos objetos do desejo, à qual se entregariam se fossem guiados apenas pela paixão. Eles são guiados também pelo entendimento, e este leva a humanidade a conceber e estabelecer as regras fundamentais de justiça que consagram a propriedade privada e a obrigação das promessas, afastando assim o espectro de uma "guerra hobbesiana" de todos contra todos.[4] Mas um problema se ergue:

---

[3] Discuto estas questões em *Teoria, Retórica, Ideologia.* São Paulo, Ática, 1975, p. 33-55.

[4] Hume nem mesmo considera que a humanidade possa ter passado por um estado de natureza hobbesiano, pois isso tornaria impossível a sociedade, sem a qual a espécie não poderia sobreviver (Hume, D. *An Enquiry concerning the Principles of Morals* (EPM). In: *Enquiries concerning Human Understanding and concerning the Principles of Morals.* Ed. de L.A. Selby-Bigge e rev. de P.H. Nidditch. Oxford, Clarendon Press, 1975, 3ª ed., IV, p. 206). Vai nisso mais longe do que Rousseau, naquela crítica a Hobbes em que declara a impossibilidade do estado de guerra, alegando que deste resultaria a morte de todos menos o vencedor final – para Hume, nem mesmo este sobraria... (Rousseau, J.-J. "Que l'État de Guerre nait de l'État Social". In: *Œuvres Complètes.* Col. La Pléiade. Vol. III. Paris, Gallimard, 1964, p. 601 e ss.).

os seres humanos só podem guiar-se por estas considerações racionais quando lhes é possível *ver* as conseqüências daquelas ações que são contrárias à justiça e colocam em perigo a própria existência da sociedade.

Como as sociedades reais em que vivem esses seres nunca são "transparentes", no sentido de permitirem que se siga com o olhar as conseqüências sociais da conduta de cada um, dado o grande número de pessoas que nelas vivem e a imensa massa das relações inter-humanas que as atravessam, as regras da justiça não podem ser mantidas apenas pela "obrigação natural" racional que ordena a cada um fazer sempre o que corresponde a seus interesses, sendo o maior interesse a preservação do corpo social – e se elas podem ser mantidas é somente graças à presença daquele outro tipo de obrigação a que o filósofo chama "obrigação moral".

Tudo parece indicar que esse segundo tipo de obrigação recebe este adjetivo, "moral", devido a sua ligação com a "moralidade", mas é importante ver que este é mais um caso em que as aparências iludem. No vocabulário filosófico humeano, como aliás na língua inglesa falada e escrita no século XVIII, quando "moral" se opõe a "natural", como no presente caso, o que é natural é-o independentemente de qualquer passagem pela *mente* do sujeito, e o que é moral é assim adjetivado apenas porque depende de algo *mental* (adjetivo este que só muito escassamente é usado por Hume).[5] Cada um de nós

---

[5] Por exemplo, no *Tratado da Natureza Humana,* em que é sugerida uma analogia entre a associação de idéias e a atração gravitacional newtniana: *"Here is a kind of attraction, which in the mental world will be found to have as extraordinary effects as in the natural"* (THN I, i, 4, p. 12). É curioso que os editores dos citados *Philosophical Works* de Hume no século XIX, Green e Grose, incluam no índice analítico do vol. IV refe-

tem a obrigação natural de cuidar do que é de seu interesse, quer saiba disso quer não – mas só se pode ter uma obrigação moral quando se adquire consciência dessa mesma obrigação. Assim, as *moral sciences,* por exemplo, são o equivalente aproximado das ciências posteriormente chamadas "humanas", aquelas em que os fatores causais mais relevantes são mentais *(moral),* e não naturais – os também chamados fatores "psicológicos", distintos dos fatores "físicos", etc.

A obrigação moral, do mesmo modo que, por exemplo, a *evidência* moral (THN III, i, 1, p. 404), só existe em função do que se passa no espírito humano, em contraste com o que se passa na realidade exterior. Se há obrigação natural de não atentar contra o grupo social em que se vive, é apenas do mesmo modo que há obrigação natural de defender a própria vida. Tal como no *direito* natural que na filosofia de Hobbes se opõe à lei natural,[6] o fundamento é o interesse na autopreservação: existe obrigação natural de defender o grupo social, obedecendo às regras da justiça, em função da defesa da própria existência, tal como existe direito natural hobbesiano de defender a própria vida. Mas Hume transforma em obrigação aquilo que no autor do *Leviatã* é "apenas" um direito. Em contraste com isso, uma obrigação *moral* só

---

rências a *mental science* e *mental beauty* (sempre em oposição a *natural)* quando esse "mental" *não está nos textos*. No primeiro caso, o que está (embora não no mesmo texto, mas logo no início do capítulo) é a expressão equivalente: *moral philosophy* (p. 9). No segundo caso, o que está no texto é apenas a indicação de que a beleza reside na mente *(mind),* e não na coisa (p. 263). Em compensação, o índice analítico do vol. I esquece o *mental world* acima citado, que evidentemente está no texto (p. 321 desse volume).

[6] Hobbes, T. *Leviathan*. Ed. de Richard Tuck. Cambridge, Cambridge University Press, 2000, XIV, p. 91 e ss.

pode surgir em mim, e para mim, quando algum mecanismo mental me faz ter o *sentimento* de que tenho essa obrigação.

Ora, a falta de transparência das conseqüências dos atos de desrespeito às regras da justiça é uma "opacidade" inevitável nas sociedades complexas em que vivemos – numa "*narrow and contracted society*", constituída por poucas pessoas, poderia haver essa transparência, mas esse tipo de grupo social talvez não passe de uma abstração construída por Hume, sem qualquer realidade histórica (THN III, ii, 2, p. 499 e ss.). Sendo opacas todas as sociedades realmente existentes, em todas elas a obrigação natural é essencialmente um horizonte de legitimidade filosófica, olhando para o qual se pode descortinar ao longe o *interesse público* – talvez como somatório dos interesses individuais que conferem sentido à obrigação natural. Mas a obrigação real e efetiva parece ser unicamente a obrigação moral, por ser a única que permite resolver o problema da opacidade social.

A teoria humeana mostra como podemos nos persuadir de que temos obrigação de obedecer às regras da justiça, mesmo tendo perdido de vista qualquer noção daquele interesse e utilidade públicos de que essa obediência se reveste. Essa persuasão torna-se possível quando se formam em nós sentimentos morais de aprovação dos atos expressivos dessa obediência, e de condenação dos atos de desobediência a essas regras. Esses sentimentos tornam-se, portanto, relevantes fatores de preservação da sociedade em que vivemos, e tanto mais quanto mais se multiplicarem entre todos os membros de uma mesma nação. Mas esses sentimentos não são produzidos pelo entendimento, pela razão consciente, nem seu surgimento deriva ou depende da consciência de sua utilidade social. Tudo se passa como se, para a teoria humeana, houvesse uma espécie de harmonia preestabelecida entre os princípios da natureza humana produtores e geradores dos sentimentos morais favoráveis à prevalência das regras da justiça e às necessidades da sociedade, notadamente a necessidade de comportamentos de obediência capazes de preservar a paz social.

Creio que a resposta humeana a esse enigma poderia ser, simplesmente, que em verdade não há enigma algum. Se desde a origem da humanidade houve grupos humanos em que não ocorreu o predomínio dos sentimentos morais, esses grupos terão provavelmente sido eliminados, devido às lutas internas daí resultantes, ou pela pura e simples entredestruição "rousseauniana"[7] ou então por um enfraquecimento interno capaz de tornar o grupo presa fácil para seus inimigos. Não sei se Hume terá chegado a formular uma resposta como esta. Muitas são as questões de interpretação que aqui deverão ser deixadas de lado. Mas fica a sugestão de dissolução do aparente enigma representado pelo misterioso acordo existente entre alguns dos princípios da natureza humana e a necessidade dos sentimentos morais para a preservação da sociedade e, no limite, da própria espécie humana.

A mola principal, na formação daqueles sentimentos, é o mecanismo humeano da *simpatia,* à qual hoje talvez chamássemos *empatia*. Trata-se de um simples jogo da imaginação: esta é poderosamente governada pelos princípios da associação de idéias, nomeadamente o princípio de associação por semelhança. Nada mais comum, portanto, do que a transição inconsciente das idéias entre objetos semelhantes, de modo tal que, sendo o outro ser humano semelhante a mim, a idéia do outro e a idéia que tenho de mim mesmo tendem a aproximar-se, e mesmo a confundir-se, em minha imaginação, sempre que as circunstâncias a tal se prestem. Assim,

[7] Ver nota 4 acima.

ocorre freqüentemente que a dor do outro me doa a mim, e que a alegria do outro me dê satisfação, em circunstâncias em que meu interesse pessoal não é afetado, nem positiva nem negativamente. É este fenômeno de empatia com o outro, que o conceito rousseuaniano de *pitié* viria depois a ecoar, embora apenas em sua face mais dolorida e negativa,[8] que permite o surgimento dos sentimentos morais construtores da obrigação "moral" de justiça.

A justiça ordena que cada um tenha assegurada a fruição tranqüila do que lhe pertence, e ordena também que as promessas sejam sempre cumpridas – o que é importante para tornar viável a regra da transferência da propriedade por consentimento, que é a terceira das grandes "leis naturais" de justiça. Ora, quando alguém é roubado ou espoliado, tudo se passa como se o espectador dessa injustiça sentisse o sofrimento da vítima como se de sua própria dor se tratasse, um sentimento que tende a assumir a forma de regra condenatória dessa injustiça e de todas as injustiças análogas, numa espécie de projeção da interioridade dolorida do eu num conjunto de normas de comportamento social dotado de uma ambição universalista. É esta, muito resumidamente, a origem dos sentimentos morais geradores da obrigação moral de respeito à justiça.

Talvez tenha razão Rousseau, e seja para nós próprios não sofrermos que condenamos quem causa sofrimento aos outros. Interpretação do altruísmo como egoísmo "em última instância" que devo aqui deixar de lado, pela dificuldade e amplidão do tema. Limito-me a salientar que é da imagi-

---

[8] Rousseau, J.-J. *Discours sur l'Origine et les Fondements de l'Inégalité parmi les Hommes.* In: *Œuvres Complètes.* Bibl. de La Pléiade. Vol. III. Paris, Gallimard, 1969, p. 505 e ss.

nação e da associação, e não da razão ou do entendimento, que deriva esse mecanismo empático em que se originam alguns dos mais importantes sentimentos morais. Neste aproveitamento social dos mais triviais princípios da imaginação, o que temos é uma irracionalidade a serviço de uma racionalidade, pois certamente é racional procurar preservar a sociedade através da generalização do respeito pela justiça, e, se a opacidade social deixa apenas o recurso de uma obrigação moral "associacionista", gerada na fantasia,[9] o que certamente também é racional é aceitar e acarinhar esse mecanismo, apesar da estranheza que sua origem "menos nobre" possa nos fazer sentir. Antes de Nietzsche, já para Hume o que conta é o uso efetivo, e não a origem das instituições.[10]

Mas nossos sentimentos de obrigação moral, própria e alheia, não se limitam ao caso das regras da justiça. A este núcleo fundamental se vêm juntar numerosos outros sentimentos e obrigações, e cabe perguntar se a estrutura central do argumento acerca da justiça se mantém para os outros casos, ou pelo menos é útil para sua compreensão. Fora o caso da escolha das regras específicas da propriedade privada (da ocupação à sucessão), espécie de "aplicação prática" da primeira lei natural da justiça – em que vemos Hume atribuir

---

[9] G. Deleuze observa, sobre a concepção humeana da lei natural: "Le droit tout entier est associationniste" (Deleuze, G. *Empirisme et Subjetivité – Essai sur la Nature Humaine selon Hume.* Paris, PUF, 1953, p. 4).

[10] Para Nietzsche, "há um mundo de diferenças entre a origem da formação de uma coisa, por um lado, e por outro sua eventual utilidade e seu uso efetivo num sistema de fins" (Nietzsche, F. *The Genealogy of Morals,* II, 12. Nova York, Modern Library, 1968, p. 513). Analogamente, para Hume pouco importa que os sentimentos de obrigação moral tenham origem na fantasia, desde que sejam úteis à sociedade.

cada regra a um misto de utilitarismo e fantasia, com predomínio desta última –, são os princípios da associação de idéias, agora sem relação com a empatia, que, quer no caso da semelhança, quer no da contigüidade, quer no da causação, levam os "societários" a entregar as propriedades a diferentes indivíduos, portadores de diversos "títulos"[11] – há também fenômenos mais propriamente *políticos* que também são explicados por variadas formas de sentimentos "morais". Nos dois sentidos do termo: têm uma gênese "meramente mental", ligada à imaginação como fantasia, e têm uma função normativa, em termos de aprovação ou condenação propriamente moral ou ética.

Assim, os *deveres de obediência* aos governantes recebem de Hume uma análise em que sua origem é explicitamente apresentada como a mesma que as mais ingênuas *superstições*. O poder monárquico não é poupado: os homens acreditam que o "rei posto" depois do rei morto deve ser o filho deste último porque as idéias que temos de ambos estão ligadas por "uma espécie de causalidade" (sendo o pai encarado como uma espécie de causa do filho), ou seja, trata-se de mera associação de idéias, sem qualquer racionalidade, tal como no caso da herança de propriedades (THN III, ii, 10, p. 562). Quanto às relações entre estados, a "lei das nações" também estabelece um conjunto de regras que comportam uma obrigação natural e uma obrigação moral – só que agora as "pessoas" são as nações ou "corpos políticos".

Exemplos dessas regras internacionais são o respeito pelas pessoas "sagradas" dos embaixadores, a obrigatoriedade das declarações de guerra, a proibição de armas envenena-

[11] Ver meu *Teoria, Retórica, Ideologia*, p. 82 e ss.

das e outras normas das relações civilizadas entre diferentes países (THN III, ii, 11, p. 567). Hume esforça-se o mais possível por estender a este domínio internacional as mesmas categorias explicativas que aplicara às obrigações dos cidadãos, mas creio que sem muito sucesso. É como se as obrigações entre países constituíssem uma anomalia na teoria política humeana. Se o *Tratado* pode aqui admitir que "devemos necessariamente ser mais indulgentes com um príncipe ou ministro que engana outro do que com um cavalheiro que falta a sua palavra de honra" *(ibidem,* p. 569), é porque no caso das relações internacionais a obrigação se dilui a ponto de, talvez, haver aqui lugar para uma nova teoria – uma teoria que o filósofo desdenhou tentar construir.

II

É neste ponto que Hume introduz sua análise das virtudes femininas, no capítulo "Sobre a castidade e a modéstia", com o qual se encerra a parte ii do livro III, a mesma parte em que surgem os aspectos mais marcadamente sociais e políticos de sua teoria moral, acima discutidos. Esta parte intitula-se "Da justiça e da injustiça", e a parte iii e última leva o título de "Das outras virtudes e vícios". Devido a que razões o tema da castidade e da modéstia ainda é incluído nesse território mais "sociológico" da teoria humeana, em vez de ser remetido para junto dos aspectos da moral mais ligados à vida privada, como as virtudes naturais, a grandeza de espírito, a bondade e a benevolência, é coisa que poderá ser conjecturada após examinar o tratamento que o tema merece de Hume.

A natureza humana investigada por David Hume em seu *Tratado* é, como vimos, a mesma em homens e mulheres, e as diferenças discutidas pelo filósofo jamais são atribuídas a imaginárias diferenças psicológicas de gênero. Aí está, por exemplo, o dever de castidade, a tal ponto mais carregado no caso das mulheres, e tão pouco no dos homens, que o filósofo traça um paralelo com as obrigações morais dentro da sociedade e com as obrigações entre nações: fortíssimas as primeiras, quase nada as segundas, conforme vimos ser o caso na filosofia humeana.

É bem nítida a presença da ironia nesses textos,[12] como parece irônica também a brevidade da explicação oferecida para essa diferença: é apenas porque "o pai é sempre incerto" que a mulher foi condenada a arrastar sempre uma tão pesada parcela do dever de castidade. Para a boa condução da vida em sociedade, é importante que se cuide bem das crianças, e tanto homens como mulheres são induzidos a tal quando estão convencidos de que se trata realmente de seus próprios filhos. Essa convicção é naturalmente garantida no caso das mulheres, que sempre sabem se os filhos lhes pertencem (ainda não existiam grandes hospitais nem, portanto, trocas de bebês...), simplesmente devido ao caráter da procriação:

> "Visto que na copulação entre os sexos o princípio da geração vai do homem para a mulher, facilmente pode haver erro do lado do primeiro, embora seja totalmente impossível no caso da segunda".

E é *unicamente* nesta "observação trivial e anatômica" que, segundo David Hume, tem origem a "vasta diferença" existente nos deveres que a educação inculca em cada um dos

---

[12] Price, J.V. *The Ironic Hume*. Austin, University of Texas Press, 1965, p. 10 e ss.

dois sexos (THN III, ii, 12, p. 571). Nenhuma sugestão de dever transcendente a impor ao gênero feminino um fardo tão díspar, nenhuma sugestão tampouco de que seja a natureza feminina a recomendar tal desigualdade. Nem Deus nem a Natureza tiveram aqui a dizer fosse o que fosse – apenas à Sociedade foi dada voz em relação a este assunto. Com razão Lecaldano considera significativa a inclusão da castidade entre as "virtudes artificiais", no quadro de uma ética que trata as questões do nascimento e da morte, da família e da sexualidade sem apelo a supostos processos sobrenaturais.[13]

A ironia humeana está sempre presente no trato dessa questão, que a tal tanto se prestava em seu tempo, como se presta no nosso. Mas é enorme a seriedade com a qual o estilo irônico é posto a serviço de uma explicação, que hoje diríamos talvez "psicossociológica", dessa diferença de gênero ainda tão marcante na maior parte das nações de hoje, se não em todas. Para o filósofo, é a sociedade a instância produtora dessa diferença, mas por meio de processos aos quais presidem sobretudo os princípios da natureza humana – essa propriedade rigorosamente comum aos dois sexos que é o objeto central da filosofia de Hume.

É próprio da natureza humana, segundo o filósofo, estabelecer regras gerais a partir da experiência, e pautar por essas regras o comportamento de todos os dias – mas é igualmente próprio da natureza humana aplicar essas regras com muito maior extensão do que se justifica a partir dos princípios que as produzem. Ou seja, o entendimento é naturalmente prolongado pelo trabalho da imaginação ou fantasia –

[13] Lecaldano, E. *Hume e la Nascita dell'Etica Contemporanea.* Bari, Laterza, 1991, p. 201-2.

ainda uma vez, de modo igual em ambos os gêneros, e não de modo mais "caprichoso" no caso das mulheres, conformemente aos estereótipos do século de Hume, e talvez também do nosso.[14]

Cerca de uma dúzia de anos mais tarde, Hume não esqueceu o tema da castidade na reformulação de suas teorias morais na segunda *Investigação* (EPM IV, p. 207 e ss.). A forma da argumentação muda radicalmente, na medida em que esta segunda versão das teorias humeanas está muito mais centrada no conceito de *utilidade* do que o *Tratado.* Mas a explicação da diferença de exigência moral quanto ao comportamento sexual de mulheres e homens permanece fundamentalmente a mesma. As "leis da castidade" são mais rigorosas para com as mulheres porque a eventual infidelidade destas é mais perniciosa para a sociedade do que a dos homens. E Hume continua a atribuir um papel importante à imaginação humana, que aplica essas "leis" fora do âmbito da procriação, exigindo às mulheres que estão grávidas, e àquelas cuja idade de tal as impossibilita, a mesma castidade que a todas as outras.

---

[14] Esquecendo o papel atribuído por Hume à imaginação, J.L. Mackie mostra-se incapaz de entender a explicação humeana das virtudes femininas, como se vê nas considerações que sobre ela tece em *Hume's Moral Theory.* Londres, Routledge & Kegan Paul, 1987, p. 118: *"The machinery he* [Hume] *suggests here for producing these sentiments is quite inadequate. Each husband has, no doubt, an interest in his own wife's fidelity; but he may have no interest in the fidelity or modesty of other men's wives, but rather the reverse; and the same applies to unmarried women".* Mackie ignora aqui que a obrigação moral se torna independente do interesse, devido à ação da fantasia – além de esquecer que o interesse envolvido na obrigação natural é o interesse da sociedade, não o interesse pessoal dos maridos!...

Nessa segunda versão da teoria, encontramos um maior "conformismo" do filósofo em relação aos preconceitos mais marcantes da sociedade de seu tempo, como já tive ocasião de apontar há algum tempo.[15] É só nesta obra mais tardia que encontramos a idéia de que "a maior consideração que pode ser adquirida pelo sexo feminino deriva de sua fidelidade" (EPM VI, i, p. 238). O que em nada obscurece, de qualquer modo, a clareza com a qual as regras da castidade correspondem ao que hoje não hesitaríamos em chamar uma "construção social" do papel da mulher. Entre o interesse público e a influência dos triviais princípios da fantasia, o segundo sexo sofre pressões sociais geradoras de um tipo de obrigação diferente, sendo-lhe portanto reservada uma posição que Hume atribui exclusivamente a constrições sociais, e não a qualquer "missão" ou destino especialmente feminino. Nesta filosofia, a condição feminina resulta do peso de circunstâncias que, meio biológicas e meio sociais, preparam para as mulheres um destino independente de sua vontade.

Um destino que tampouco depende da vontade da metade masculina da sociedade. Em momento algum o filósofo resvala para qualquer denúncia do "autoritarismo patriarcal" ou algo equivalente. A desigualdade de gênero que marca os comportamentos sexuais nem é sacralizada nem é condenada, mas é apresentada, tanto quanto possível, sobretudo pelo Hume mais jovem e mais crítico do *Tratado*, com a visão calma e fria do filósofo que já procurava fazer-se sociólogo. As ciências humanas já estavam quase ao virar da esquina, seguindo a trilha de Hume no esforço para compreender, se não para transformar, os aspectos da vida das sociedades

---

[15] Em *Teoria, Retórica, Ideologia*, p. 182 e ss.

humanas que dificilmente se deixam interpretar como puras escolhas da razão humana.

Esse tema das virtudes femininas aparece, segundo creio, ao mesmo tempo em continuidade e em descontinuidade com o resto do setor consagrado no *Tratado* aos temas ligados à justiça. Tal como a observância da justiça e o dever de obediência ao soberano, e mesmo tal como os deveres reconhecidos entre as nações (por pouco que o sejam), a castidade e a modéstia só têm sentido como produtos e exigências da vida em sociedade.

Mas há também uma patente descontinuidade, na medida em que não é nem poderia facilmente ser sugerido que a preservação do corpo social depende da observância dessas virtudes. Às vezes a vida sexual dos dirigentes acaba por ter repercussões políticas de certa monta, mas o correspondente aspecto na vida da massa dos cidadãos não suporta qualquer comparação com a importância de que se revestem, pelo menos segundo a filosofia política humeana, as atitudes de respeito à justiça e à propriedade, bem como à autoridade política dos governantes. Por isso também não há aqui referência à questão da obrigação natural, embora haja interesse social na preservação da castidade. É como se o tema das virtudes femininas funcionasse como uma espécie de ponte entre a problemática social e política da parte ii a que serve de fecho e os assuntos de ordem mais privada que são discutidos na parte iii.

David Hume, solteirão inveterado, é conhecido por suas variadas, embora inconstantes relações com o belo sexo,[16] mas poucas vezes se refere ao então suposto sexo fraco,

---

[16] Baier, A. *A Progress Of Sentiments – Reflections on Hume's* Treatise. Cambridge, Ma., Harvard University Press, 1991, p. 257 e 274; diz dele

para além do tema aqui glosado e de alguns ditos de espírito. Que no *Tratado* tenha colocado os prazeres obtidos com as mulheres ao lado dos da música e da alegre companhia é talvez prova de bom gosto, mas não é particularmente significativo (THN II, iii, p. 424). Que numa carta a um amigo se tenha referido a uma certa senhora como *"dry and reserved, like the foolish English women"*,[17] talvez seja sinal de que não era grande apreciador da modéstia nas mulheres. Que seja responsável por ter dito que *"women are the only heavenly bodies that Newton's science was unable to explain"* talvez seja apenas simpático e engraçado, mas também pode ser considerado revelador de uma atitude pouco entusiástica para com a castidade das mesmas. Em suma: o homem David Hume provavelmente não se distinguia notavelmente dos outros cavalheiros de seu tempo, no que diz respeito às atitudes para com o outro sexo.

É certo que Hume nem sempre foi generoso nos seus comentários sobre as atitudes femininas, como por exemplo no ensaio *Of love and marriage,* em que nota ironicamente que as mulheres sempre pensam que as sátiras ao casamento são sátiras contra elas mesmas, e se entrega a outras ironias do

---

J.V. Price, *op. cit.,* p. 16: *"Bachelor he may have been, but hater of women he was not";* Ernest Mossner, além de comentar extensamente a vida amorosa de Hume (*The Life of David Hume.* Oxford, Clarendon Press, 1970, p. 432 e ss.), cita uma carta de Madame d'Épinay em que se diz do filósofo em sua estada na França: *"All the pretty women have taken possession of him; he goes to all the smart suppers, and no feast is complete without him"* (p. 444).

[17] Hume, D. *New Letters of David Hume.* Oxford, Clarendon Press, 1954, p. 28.

mesmo gênero.[18] Mas este é um daqueles ensaios que o filósofo veio a considerar "demasiado frívolos",[19] como "Of Impudence and Modesty" e "Of Moral Prejudices", que ele houve por bem retirar da edição das suas obras em quatro volumes a partir da década de 1760 – decisão que talvez seja sinal de uma atitude mais séria perante os problemas da condição feminina e das diferenças de gênero, atitude essa que se manifesta em algumas passagens de suas principais obras.

No *Tratado,* a influência das regras gerais sobre a imaginação é usada para explicar a enorme força de que a patrilinearidade se reveste em nossas sociedades. Como o sexo masculino tem uma posição mais vantajosa, a imaginação tende a se fixar mais na idéia do marido do que na "de sua consorte", reforçando a relação dos filhos com o pai e enfraquecendo a relação com a mãe. Passa-se assim a dar maior importância à linha paterna, concluindo que os filhos são de nascimento mais nobre ou mais plebeu conforme a família do pai, e não a da mãe. Ao que Hume acrescenta: "E mesmo que a mãe seja possuidora de espírito e gênio superiores aos do pai, como tantas vezes sucede, o que prevalece é a *regra geral,* apesar da exceção". Mais ainda: mesmo quando uma superioridade de qualquer espécie é tão grande, ou quando quaisquer outras razões têm tal efeito, que façam o filho representar mais a família da mãe do que a do pai, a regra geral continua a manter

---

[18] Hume, D. *Essays Withdrawn.* In: *Philosophical Works.* Vol. IV, p. 393 e ss. M.A. Box classifica este ensaio como um exercício de troça de gênero: *"banter of the ladies"* (Box, M.A. *The Suasive Art of David Hume.* Princeton, Princeton University Press, 1990, p. 130).

[19] *Idem. The Letters of David Hume.* Oxford, Clarendon Press, 1969, vol. I, p. 168; cf. Baier, A., *op. cit.,* p. 257.

eficácia suficiente para enfraquecer essa relação, produzindo uma espécie de ruptura na linha dos antepassados" (THN II, I, 10, p. 308-9). Esta análise humeana desmistifica com grande clareza os privilégios masculinos típicos da "sociedade de corte", no sentido de Norbert Elias, mostrando que eles estão longe de derivar de considerações racionais, devendo-se exclusivamente às facetas mais bizarras da imaginação dos homens – que aliás é a mesma das mulheres. Se neste caso há dominação e privilégio, não é devido a qualquer machismo imposto apenas pela força, mas ao poder persuasivo de mecanismos semiconscientes comuns a ambos os gêneros da espécie humana. O que nada retira da força desmistificadora da desconstrução humeana da prioridade patrilinear.

Exemplo mais significativo ainda é o do paralelo estabelecido entre a condição dos povos colonizados e a condição feminina, num texto da segunda *Investigação* que não resisto a traduzir na íntegra: "A grande superioridade dos europeus civilizados sobre os índios bárbaros nos fez cair na tentação de nos imaginarmos na mesma situação em relação a eles [que a que temos em relação aos animais], levando-nos a desprezar todas as restrições da justiça, e mesmo da humanidade, na maneira como os temos tratado. Em muitas nações, o sexo feminino é reduzido a idêntica escravidão, sendo tornado incapaz de qualquer propriedade, em oposição a seus amos e senhores. Mas, apesar de os homens, quando unidos, terem em todos os países força física suficiente para manterem essa severa tirania, mesmo assim tais são a insinuação, a habilidade e o encanto de suas belas companheiras, que é muito freqüente as mulheres se tornarem capazes de quebrar essa

---

[20] Price, J.V., *op. cit.*, p. 17.

aliança, passando a partilhar com o outro sexo todos os direitos e privilégios da sociedade" (EPM III, i, p. 191). Texto que dá razão a Price, quando sustenta que a ironia humeana acerca das mulheres implica sempre a igualdade entre elas e os homens, "uma idéia que o século XVIII não estava preparado para aceitar".[20] Sem dúvida que para 1751, data de publicação da segunda *Investigação,* o texto de Hume parece demasiado otimista – e até para os dias de hoje, em muitos casos. Mas devemos reconhecer que, pelo menos até a data de publicação da obra humeana, poucos filósofos foram capazes de sugerir em tais termos a importância da exigência de justiça, e até certo ponto de igualdade, no que diz respeito à condição feminina.

Cromosete
Gráfica e editora ltda.

Impressão e acabamento.
Rua Uhland, 307 - Vila Ema
03283-000 - São Paulo - SP
Tel./Fax: (011) 6104-1176
Email: cromosete@uol.com.br